뿌리 깊이, 하나님나라

일러두기

이 책에서 인용한 베드로전서는 저자의 사역(私譯, KHKV)이며, 이외의 성경은 《성경전서 새번역》을 따랐습니다. 다른 판본은 표기하였습니다.

뿌리 깊이, 하나님나라

김형국

거센 시련에도 흔들리지 않는 임시체류자들

거센 시련에도 흔들리지 않는 임시체류자들

프롤로그 다른 세계에 뿌리를 내리고

막강하고 화려해 보이는 세상에 위축된 경험이 있으신가요? 성공하려면 따라야만 할 것 같은 세상의 법칙에 마음이 흔들린 적은 없나요? 하나님 없이도 잘만 사는 이들을 보며, 그리스도인으로서 애써 지키며 사는 가치에 회의감이 들지는 않았나요? 주님이 원하시는 선과 의를 추구하면서 불편과 불리함을 감수하고, 피해를 보고 고난을 겪으며 흔들린 때는 없었나요? 아니면 반대로, 하나님을 믿는다는 내 삶이 세상 사람들과 별반 다르지 않아서 이래도 되나 하는 생각이 문득문득 드나요?

십자가에서 죽으시고 부활하신 예수를 따르던 이천 년 전 초기 그리스도인들도 이런 물음들을 품었을지 모릅니다. 로마제국의 막강함과 화려함, 팍스 로마나가 약속하는 안전과 풍요를 추구하는 삶의 방식은 소아시아에 흩어져 살던 우리 선배들에게 회의와 의문을 안겨 주었을 것입니다. 당시 주님을 믿는다고 하면서도 적당히 세속적으로 살아가는 이들이 적지 않았을 테니, 예수께서 가르치신 전혀 다른 삶의 방식을 따르려던 성도들은 우리처럼 혼란스러웠을 것입니다. 주님을 위해 선과 의를 추구하며 그에 따른 어려움을 감수하는 일은 어리석어 보이고, 실제로 어려움을 겪으면서는 억울함과 회의감에 휩싸였을 것입니다.

그들에게 베드로 사도는 편지를 씁니다. 베드로 자신도 비슷한 고민과 방황의 세월을 지나온 터라, 사랑하는 주님께 배우고 삶의 현장에서 깨달은 내용을 첫 번째 서신에 담아 동료 그리스도인들을 위로하고 격려합니다. 심오한 진리의 기반 위에서 실제적 삶의 원리를 구체적으로 전하는데, 베드로전서의 매력이 바로 여기에 있습니다. 이천 년 전에 쓰였으나 오늘날에도 주님을 따르려는 이들에게 역사적 정황을 뛰어넘는 진리와 지혜를 나누어 줍니다. 평범한 어부였던 베드로가 예수님을 만난 지 삼십 년 만에 이렇게 심오하고 또 실제적인 글을 썼다니, 참으로 경이롭기 그지없습니다.

삼십 대를 미국에서 유학하며 보낸 저에게 베드로전서는 특히 매력적이었습니다. 대학생 때도 베드로전서로 큐티를 몇 번 하고 귀납적 성경 연구를 부분 부분 했지만, 신학교에서 베드로전서 전체를 원어로 강독하면서 이 서신의 매력에 완전히 빠져

들었습니다. 공부를 마치고 고국으로 돌아가 사역하기를 간절히 원했던 제게, 베드로 사도가 독자들을 "임시체류자"라고 부르는 부분이 강렬하게 다가왔습니다. 그는 독자들을 "사랑하는 자들이여"라고 부르며 그들의 영적 정체성과 사회적 정체성을 동시에 선명하게 부각합니다. 그들은 삼위 하나님의 사역으로 택하심을 받아 거듭난 자들이었지만, 동시에 세상에 흩어져 살아가는 "임시체류자"들이었습니다. 미국 유학 중 여러 시련을 거치는 동안 베드로전서는 제게 말로 표현할 수 없는 격려와 위로를 주었습니다. 그래서 바울 신학으로 학위를 마치고 귀국한 후 제가 첫 번째 강해한 책은 바울서신이 아닌 베드로전서였습니다. 삼십 대를 베드로전서의 은혜에 기대어 살았고, 사십 대 초반에 처음 강해한 책을 거의 25년이 지난 후에 펴내게 되어서 기쁘기 그지없습니다.

하지만 기쁜 마음과 함께 착잡한 마음도 있습니다. 지난 25년간 급속히 쇠락해 가는 한국 교회를 목도했기 때문입니다. 이십 대 초반이었던 1980년대, 한국 교회가 세계적 부흥을 경험할 때 어린 대학생이던 제 눈에 비친 그 모습은 성경이 가르치는 공동체와 달랐고, 그리스도인들의 삶 또한 무척 동떨어져 보였습니다. 그래서 의문을 표시하면 "이 땅의 교회는 완전하지 않다"라는 답이 돌아왔습니다. 하지만 제 고민은 교회의 불완전함이 아니라 부족해도 진짜authentic인가였습니다. 진짜라면 시간이 흐르며 점점 더 온전해질 수도 있으니까요.

저는 성경을 연구하고 우리가 사는 세상에 관해 공부하며 여러 각도에서 교회의 문제를 탐구했습니다. 점점 그 이유가 선명해졌습니다. 다양한 층위에서 분석이 가능하겠지만, 제가 발견한 가장 근원적 이유는 한국 교회와 그리스도인들이 예수께서 가르치고 초대교회가 따랐던 가르침에 뿌리내리고 있지 않다는 불편한 진실이었습니다. 이대로라면 세계 교회사에 유례없이 짧은 기간에 수적 부흥을 이룬 한국 교회가 가장 빠르게 쇠퇴하는 또 다른 기록을 세울지 모른다는 불길한 예감 때문에 두려웠습니다.

해결책을 찾으려고 이리저리 고민하다가 제가 내린 잠정적인 결론은 생각보다 단순했습니다. 원래의 것으로 돌아가야 한다! 한국 그리스도인들과 교회가 초대교회가 믿고 따랐던 진리에 뿌리내린다면, 하나님이 원래 의도하셨던 열매를 맺을 것이다! 그래서 임시체류자로 지낸 유학 생활을 버텨 내게 하고 새로운 꿈과 삶의 방식을 선물해 준 베드로전서를 혼란한 한국 교회와 어려움을 겪는 그리스도인들과 나누고 싶었습니다. 2000년대 초와 2010년에 베드로전서를 강해하며 베드로 사도가 천착했던 진리는 더욱 선명해졌습니다. 그리고 초대교회 성도들이 살아낸 삶의 모습은 오늘날 한국 교회가 맞닥뜨린 문제의 해독제였습니다. 어디에 뿌리내렸는지에 따라 어떤 열매를 맺을지가 결정됩니다.

그간 베드로전서를 통해 받은 깨달음과 은혜가 넘쳐나서 어쩔 수 없이 두 권으로 엮었습니다. 심오하고 간결한 신학이 담긴 앞부분은 《뿌리 깊이, 하나님나라》로, 삶의 영역을 실제적이고 구체적으로 다룬 뒷부분은 《열매 가득, 하나님나라》라는 제목으로 펴냅니다. 베드로전서에는 '하나님나라'라는 표현이 등장하지 않습니다. 하지만 앞으로 차차 살펴보겠지만, 예수님의 가르침을 따른 초대교회 성도들에게는 공통된 삶의 비밀이 있었습니다. 그들에게 하나님나라는 신학의 한 분야가 아니라 세상과 시대를 읽어 내는 시각perspective이자 삶의 준거틀frame of reference이었습니다. 하나님나라에 깊이 뿌리내린 베드로는 풍성한 열매를 맺는 삶으로 당시 임시체류자는 물론이고 오늘날의 임시체류자들도 초대합니다. 그는 하나님의 택하심과 거듭남의 축복과 그에 기초한 '전혀 다른 삶', '전혀 다른 공동체'를 소개합니다. 그래서 '이 시대this Age'를 사는 모든 "임시체류자"에게 베드로 사도의 첫 서신은 여전히 유효하며, 혼란스러운 세상과 삶을 헤쳐 나갈 힘과 지혜를 아낌없이 선사합니다.

'하나님나라로 읽는 성경' 시리즈의 세 번째 책인《뿌리 깊이, 하나님나라》와《열매 가득, 하나님나라》는 이전 책들과 마찬가지로 저의 사역私譯에 기초해 강해합니다. 본문 이해와 강해를 위해 원어의 느낌을 최대한 살렸고, 논쟁의 여지가 있는 구절들은 각주에서 원어를 더 자세히 다뤘습니다. 현재 분교해 나들목 네트워크가 된 나들목교회에서 2005년 강해할 당시, 천강수 형제와 함께〈나그네들의 하늘잔치〉라는 노래를 만들었는데, 그

악보와 다시 설교한 영상을 부록에 큐알코드로 넣었습니다. 저의 다른 저술들처럼 이 책 또한 공동체에서 함께 읽으면 좋겠습니다. 이를 위해 각 장을 묵상하고 적용하고 나눌 수 있는 "함께 읽고 삶으로 나누기"도 함께 실었습니다.

  이 책을 위해 수고한 모든 분께 감사드립니다. 무엇보다 책으로 나오기 전에 설교를 듣고 함께 "임시체류자"의 멋진 삶을 꿈꿨던 사랑하는 성도들에게, 그리고 앞으로 함께 읽으며 이 길을 걸어갈 독자들에게 이 책을 드립니다. 세상살이가 갈수록 혼란해지고 한국 교회가 외형상 쇠퇴하는 때라서, 예수님을 평생 사랑하며 그 가르침에 충직하게 뿌리내린 베드로 사도의 가르침과 권면은 이천 년이 지난 지금 더욱 빛납니다.

2025년 5월 성북동에서

임시체류자로 지난 30년간 수많은 어려움을
함께 통과하며 걸어 온 아내 신소영,
임시체류자의 삶을 엄마 아빠를 따라
꿈꾸고 배우며 살아내고 있는 지원, 지인, 지안,
하나님나라에 뿌리내린 임시체류자 식구들에게
이 책을 드립니다.

차
례

프롤로그　다른 세계에 뿌리를 내리고 **7**

1. **이중 정체성** 1:1-2 **18**
   첫 번째 정체성 **24**
   두 번째 정체성 **43**

2. **하나님의 선물** 1:3-7 **54**
   가시지 않는 의문들 **56**
   거듭남 **64**
   다섯 가지 선물 **75**

3. **일생의 감격** 1:8-12 **96**
   거듭난 후 찾아오는 **101**
   거듭난 사람의 역사의식 **111**
   예배자로 거듭나다 **122**

4. **새로운 꿈** 1:13-16 **138**

　　"그러므로"라는 은혜 **141**

　　새로운 기대, 소망 **151**

　　새로운 추구, 거룩 **160**

5. **새로운 삶** 1:17-2:3 **172**

　　새로운 관점, 경외 **175**

　　새로운 관계, 사랑 **184**

　　새로운 에너지원, 진리 **192**

6. **새로운 집** 2:4-10 **204**

　　두 세계 **209**

　　제사장 나라 계획 **220**

　　오늘날의 오해와 원래의 감격 **231**

부록　　성경. 베드로전서 KHKV **244**

　　　　찬양. 하나님 나라를 소망하는 노래 **248**

　　　　묵상. 여섯 번의 만남: 함께 읽고 삶으로 나누기 **249**

1.

이중 정체성 ^{1:1-2}

'자신을 누구라고 생각하는가?' 우리가 살면서 맞닥뜨리는 가장 중요한 질문입니다. 자기 정체성에 관한 질문이지요. 늘 바쁘게 사느라 한편으로 밀어 두지만, 인간은 죽을 때까지 이 질문을 완전히 피하지는 못합니다. 어쩌면 자기 정체성을 확립해 가는 과정이 인생이 성숙하는 여정 아닐까요? 자신이 누구인지 확립되지 않으면, 인생 전체가 혼란스러울 수밖에 없습니다. 오늘날에는 '자기 결정권'이라는 개념이 생겨서, "나라는 존재는 내가 결정한다"라고 생각합니다. 성 정체성까지도 스스로 결정할 수 있다고 믿는 시대가 되었습니다. 그런데 선택권을 가지면 자기 정체성이 더 선명해질 것 같은데, 실제로는 그렇지 않은 듯합니다. 많은 사람이 자기 정체성을 몰라 혼란에 빠지고, 더러는 그런 것을 생각하지 않고 사는 것이 자기 정체성이라고 말합니다. 어차피 자기가 누군지 알 수 없다는 생각 때문이겠지요.

네 가지 정체성

자기 정체성에 관해서는 무수한 이론이 있습니다. 그중에 발달 심리학자인 제임스 마르시아James Marcia는 두 축을 중심으로 자기 정체성을 네 영역으로 나눕니다. 두 축은 자기 정체성에 얼마나 헌신commitment하는지와 그 정체성이 삶의 위기crisis를 겪고 고민하면서 형성됐는지입니다. 다시 말해 자기 정체성대로 사는지와 그 정체성을 얼마나 내면화하고 있는지를 기준으로 해서 자기 정체성을 네 가지로 구분합니다.

		위기와 고민	
		×	○
헌신	×	산만한 정체성	탐색 중인 정체성
	○	주어진 정체성	확립된 정체성

마르시아는 경제학 용어를 빌려 네 가지 상태를 표현했는데, 정확한 의미를 전달하기 위해 번역하면 다음과 같습니다. 첫 번째 정체성은 '산만한 정체성identity diffused'인데, 자신이 누구인지 혼란스러워하며 자신에 대한 탐구를 아직 시작하지 않은 상태입니다. 이런 사람들의 정체성은 상황에 따라 변합니다. 이랬다저랬다 하는 '분산된 상태'라고 할 수 있습니다.

두 번째는 정체성이 아직 확립되지 않아 유예된 상태, 또는 정체성을 찾고 있는 '탐색 중인 정체성identity moratorium'입니다. 부정적으로는 보면 유예된 상태이고, 긍정적으로 보면 탐색 중인 상태입니다. 이런 사람들은 어떤 가치나 삶에 헌신하기가 힘들 수밖에 없습니다.

세 번째는 '주어진 정체성identity foreclosed'입니다. 마르시아는 이

상태를 놓고 '폐쇄됐다'라거나 '압류됐다foreclosed'라고 표현하는데, 자기 정체성이 자신의 선택이 아니라 누군가에 의해 주어졌기 때문입니다. 이런 사람들은 살아 내야 하는 삶이나 가치에 꽤 헌신합니다. 그러나 그 정체성은 자신의 고민과 숙고를 거치며 형성된 것이 아니라서 위기가 오면 흔들릴 가능성이 큽니다.

마지막은 '확립된 정체성identity achieved'입니다. 이런 사람들은 특별한 위기나 여러 상황을 통해 자기 정체성을 숙고하고 내면화하여 확립했으며, 그 정체성에 헌신하며 살아갑니다.

이 네 가지 정체성 중에서 어느 정체성이 한국인에게 가장 많을까요? 한 연구 결과에 따르면, 산만한 정체성은 10퍼센트, 탐색 중인 정체성은 2퍼센트에 불과했습니다. 확립된 정체성도 12퍼센트였고, 놀랍게도 74퍼센트가 주어진 정체성이었습니다.[1] 한국인은 네 명 중에 세 명이 주어진 정체성에 맞추어 헌신하며 열심히 사는 사람으로 조사되었습니다.

여행 가서 새벽 5-6시쯤 나가 보면 깜짝 놀랍니다. 그때 돌아다니는 사람은 한국 사람밖에 없습니다. 우리는 여행도 '빡세게' 하는 편이지요. 저는 이 사실을 어떻게 알았을까요? 한국 사람들은 아이에게 장난감을 사 주고 노는 모습을 보다가 "장난감

---

[1] 삼성생명공익재단 사회정신건강연구소, 《한국인의 정체성에 관한 연구》(2007).

사 줬는데 그렇게밖에 못 노냐? 좀 열심히 놀아"라고 합니다. 우리는 노는 것도 열심히 놀아야 합니다.

이처럼 한국인들은 깊이 생각하지 않고 주어진 정체성대로 열심히 사는 경향을 보입니다. 그리스도인들은 이 점을 깊이 성찰해야 합니다. 그리스도인은, 특히 모태 신앙인 사람은 더욱더, 그리스도인이라는 정체성이 분명하고 신앙생활에도 상당히 헌신합니다. 그러나 중요한 결정을 해야 하는 상황이 오면 흔들립니다. 위기 상황에서는 더욱 혼란에 빠지고, 재난 상황에서는 하나님을 모르는 사람과 거의 비슷하게 반응하기도 합니다. 과연 한국 그리스도인 중에 확립된 정체성을 가진 사람이 얼마나 될까요? 그리스도인이라는 정체성이 위기를 통과하면서 확립된 사람, 그 정체성을 날마다 깊이 되새기면서 그에 따라 헌신하며 사는 이들이 얼마나 될까요?

지금부터 살펴볼 베드로전서는 신약성경 여러 책 중에서 그리스도인의 정체성을 다룬 면에서는 가장 탁월한 책입니다. 베드로 사도는 소아시아에 흩어져 사는 그리스도인들에게 주후 60년대 초에 이 편지를 보냈습니다. 수신인들은 자신들의 정체성을 뒤흔드는 이웃과 환경 가운데서 살고 있었습니다. 그래서 이 편지는 오늘날 여러 어려움과 위기를 겪으며 살고 있는 현대 그리스도인에게도 탁월한 길잡이 역할을 합니다. 그리스도인의 자기 정체성을 신학적 기초에 근거하여 다룰 뿐 아니라, 실제 삶의 맥락에서 이야기하기 때문입니다.

베드로 사도는 짧은 인사말에서 베드로전서 전체의 중요 개념을 집약해 설명합니다. 1장 1-2절을 살펴봅시다.

1 예수 그리스도의 사도인 베드로가, 택하심을 입은 이들[2], 곧 본도, 갈라디아, 갑바도기아, 아시아와 비두니아에 흩어진 임시체류자[3]들에게.[4] **2** 여러분의 택하심은[5] 하나님 아버지의 미리 아심에 따라, 성령님의 거룩하게 하심으로, 예수 그리스도의 순종과 피

---

2 헬라어 원문에는 택하심을 입은 이들 ἐκλεκτοῖς과 임시체류자 παρεπιδήμοις가 연이어 등장한다. 임시체류자를 꾸며 주는 지명이 이어지고, 이어서 택하심을 꾸며 주는 세 개의 전치사구 κατὰ...ἐν...εἰς...가 이어진다. 이 부분은 2절에서 "여러분의 택하심"에 덧붙여서 번역했다.

3 베드로전서의 중요한 단어로 이 본문의 παρεπιδήμοις(παρεπίδημος)는 임시체류자로, 1장 17절의 παροικίας(παροικία)는 임시거류자로 번역했고, 두 단어는 2장 11절에 함께 등장한다. 두 단어 모두 임시의 개념이 강하며, 전자는 잠시 체류하는 자, 후자는 아마도 임시 주택에서 거하는 자를 가리킨 것으로 보인다. 나그네와 길손은 정처 없어 보여서 적절한 단어가 아니라고 판단하여 이 두 단어로 대신한다.

4 고대 서신문의 인사말이다. 고대 문서의 특성을 드러내기 위해 "편지한다"라는 말은 생략했다.

5 이탤릭으로 표기한 부분은 헬라어 원문에는 없으며, 번역상 추가해야 의미를 살릴 수 있는 경우에만 최소한으로 사용했다.

뿌림[6]에 이르기 위함입니다. 여러분에게 은혜와 평화가 더욱 풍성하기를 빕니다.

베드로 사도는 편지 수신인들을 향해 두 가지 정체성을 이야기합니다. 하나는 '하나님의 택하심을 받은 사람'이고, 다른 하나는 '임시로 머무는 사람'입니다.

첫 번째 정체성

베드로 사도는 자신을 예수 그리스도의 사도라고 소개하자마자 수신인들을 가리켜 "택하심을 입은 이 ἐκλεκτοῖς"라고 합니다. 이어서 바로 "임시체류자"(파레피데모스παρεπιδμοι, 개역개정과 새번역에서는 "나그네")라고 부르며, 그들이 사는 곳들을 언급합니다. 2절에서는 전치사구 세 개가 "택하심을 입은 이들"이 누구인지를 설명합니다. 약간 뒤죽박죽된 느낌입니다. 원래 순서대로 배

---

6 예수 그리스도 Ἰησοῦ Χριστοῦ가 순종 ὑπακοὴν도 꾸미는지가 해석상 논란이 되는 부분이다. 개역개정, 새번역, KJV는 순종을 독립적으로 번역했으나, 대다수 영어 성경(NASB, NRS, NIV)은 "예수 그리스도께 순종"이라고 번역했다. 예수 그리스도 Ἰησοῦ Χριστοῦ가 한 번은 주격으로, 다른 한 번은 목적격으로 사용되는 것이 자연스럽지 않아서 두 단어를 모두 꾸며 주는 것으로 번역했다.

열하면, 다음과 같습니다.

> 1 예수 그리스도의 사도인 베드로가,
>   택하심을 입은 이들
>   곧 임시체류자들에게
>   곧 본도, 갈라디아, 갑바도기아, 아시아와 비두니아
>   에 흩어진
> 2   하나님 아버지의 미리 아심에 따라,
>   성령님의 거룩하게 하심으로,
>   예수 그리스도의 순종과 피 뿌림에 이르기 위해.
>   여러분에게 은혜와 평화가 더욱 풍성하기를 빕니다.

대다수 영어 성경도 개역개정처럼 "나그네"를 먼저 번역하고(1절), 먼저 나오는 "택하심을 입은 이들"을 뒤로 보냅니다(2절). "택하심을 입은 이들"은 길게 이어지는 전치사구들과 함께 묶여서 이러저러하게 "택하심을 입은 이들"이라고 번역됩니다. 하지만 두 단어의 순서가 뒤바뀌면서 베드로 사도가 원래 강조하려던 바는 조금 희석되었습니다. 원래 의도한 순서에는 그만한 이유가 있었습니다. "택하심을 입은 이들"을 먼저 언급하고 바로 이어서 "임시체류자"라고 말한 이유는, 무엇보다 중요한 정체성은 영적 정체성이며, 이에 못지않게 중요한 사회적 정체성을 이어서 강조하고 있습니다.

1부
이중 정체성

이유 있는 선택

인사말 정도로 그냥 지나칠 수도 있으나 "예수 그리스도의 사도"라는 자기소개는 베드로 사도가 깊은 자부심을 느끼는 정체성이 무엇인지를 드러냅니다. 베드로전서의 중요한 부분마다 예수 그리스도에 대한 설명이 등장하는데, 바로 그 예수의 사도가 자신이라고 첫 부분에서 밝힌 것입니다. 이처럼 그는 자신이 전 생애를 바쳐 사랑하고 섬겼던 예수, 바로 그분이 자신을 보냈다는 정체성이 확고했습니다. 베드로 사도는 자신이 받은 은혜에 감격하면서, 자신과 똑같이 택하심을 입은 이들을 향해서도 감격하고 있습니다. 그들은 비록 소아시아 여러 지역에 "흩어진 임시체류자"였으나, 베드로 사도는 그들의 사회적 정체성보다는 영적 정체성에 먼저 주목합니다. 베드로 사도는 실제 삶의 현장에서, 굽이굽이 인생길을 통과하며 '확립된 정체성'을 형성한 탓에 흥분과 감격으로 편지를 시작하고 있습니다. 그의 정체성은 단순히 지적 동의나 결단에만 근거한 것이 아니라, 예수 그리스도와 전인격적으로 교류하며 일생에 걸쳐 빚어진 것이었습니다. 그래서 베드로 사도는 편지의 첫 문장에서 자신을 향한 하나님의 부르심과 편지 수신인들을 향한 하나님의 은혜에 감격하고 있습니다.

하나님나라 관점에서 보면, 택하심을 입었다는 것은 하나님 나라 백성이 되었다는 것입니다. 또 가족이라는 관점에서는 하나님 가족의 일원이 되었다는 뜻입니다. 이처럼 하나님의 택하심을 입었다는 사실은 온몸이 떨릴 정도로 감격스러운 일입니다. 그럴 만한 자격이 전혀 없는데도 하나님의 택하심을 입었으니까요. 그런데 현대 그리스도인은 하나님의 택하심을 너무나 당연시하고, 또 너무 쉽게 개인의 일로 받아들입니다. 하지만 초대교회 사도들은 구약성경과 예수 그리스도의 가르침을 연결해서 가르쳤습니다. 따라서 하나님의 택하심 또한 구약성경의 맥락에서 읽을 때 그 의미가 선명해지고 더욱 풍성해집니다. 구약성경에 나오는 하나님의 택하심은 공동체 맥락에서 이루어집니다. 하나님이 특정 공동체를 선택했다는 전제하에 그 공동체에 속한 개인도 하나님의 택하심을 받습니다. 그와 관련한 대표적인 성경 구절을 읽어 봅시다.

> 당신들은 주 당신들의 하나님의 거룩한 백성이요, 주 당신들의 하나님이 땅 위의 많은 백성 가운데서 선택하셔서, 자기의 보배로 삼으신 백성이기 때문입니다(신명기 7:6).

하나님이 이스라엘 족속을 선택했고, 그 공동체에 속한 각 개인도 택함을 받습니다. 출애굽기 19장 5-6절도 함께 살펴봅시다. 이 구절은 베드로 사도가 베드로전서 2장에서 인용하는 구절이기도 합니다.

이제 너희가 정말로 나의 말을 듣고, 내가 세워 준 언약을 지키면,

너희는 모든 민족 가운데서 나의 보물이 될 것이다. 온 세상이 다 나의 것이다. 그러므로 너희는 내가 선택한 백성이 되고, 너희의 나라는 나를 섬기는 제사장 나라가 되고, 너희는 거룩한 민족이 될 것이다. 너는 이 말을 이스라엘 자손에게 일러 주어라(출애굽기 19:5-6).

이 성경 구절 역시 하나님이 이스라엘 백성을 택했다고 선언합니다. 하나님의 택하심은 개인 한 명 한 명을 택하는 데 초점을 맞추지 않고, 이스라엘 민족 전체를 하나님의 공동체로 만드는 데 무게를 둡니다. 하나님의 공동체를 만들기 위해서 한 명 한 명을 택했다고 볼 수 있습니다. 그러므로 공동체를 빼고 하나님이 성도 개인을 택했다는 주장은 구약성경의 맥락에서는 불가능합니다.

이 성경 구절에서 더욱 놀라운 점은 이스라엘 민족을 택해서 "제사장 나라"로 삼겠다는 약속입니다. 하나님이 그들을 선택한 이유는 그들만을 위해서가 아니었습니다. 세상의 모든 사람을 염두에 둔 선택이었습니다. 이와 마찬가지로 하나님이 우리를 택하신 이유도 우리 개개인만을 위해서가 아닙니다. 아직 하나님에게 돌아오지 않은 수많은 사람을 위해 우리를 택하셨습니다. 이를 위해 우리 각 사람을 하나님의 공동체로 부르셨습니다. 오늘날 한국의 기독교가 탐욕적 기독교, 자기 욕망을 채우라고 부추기는 종교처럼 비치는 이유 중 하나는, 이기적이고 개인주의적인 구원관 때문입니다.

하나님은 단지 우리 한 사람을 구원하기 위해 우리를 택하신 것이 아니라, 하나님의 공동체를 염두에 두시고 택하셨습니다. 그리고 그 공동체조차 세상의 구원을 생각하고 택하셨습니다. 이러한 맥락을 잃어버리면 기독교는 자신의 구원과 복락만 추구하다가 결국 탐욕적 종교로 전락할 수 있습니다.

택하심의 신학

하나님의 택하심에 관한 탁월한 설명은 2절에서 이어집니다. 하나님의 택하심은 첫째 "하나님 아버지의 미리 아심을 따라", 둘째 "성령님의 거룩하게 하심으로", 셋째 "예수 그리스도의 순종과 피 뿌림에 이르기 위해" 일어납니다.[7] 아주 짧지만, 가히 '택하심의 신학'이라고 할만한 깊이 있는 설명입니다.

택하심의 근원

베드로 사도는 누가 어떻게 우리를 택했는지를 가장 먼저 설명합니다. "하나님 아버지의 미리 아심"이 택하심의 근원입니다. 하나님은 우리가 태어나기 전부터 우리를 알고 계셨습니다.

---

[7] 세 개의 전치사 구 κατὰ...ἐν...εἰς...로 구성되어 있다.

이는 구약성경에서 자주 만나는 독특한 사상입니다. 시편 139편 13-18절이 대표적입니다.

> 주님께서 내 장기를 창조하시고, 내 모태에서 나를 짜맞추셨습니다. 내가 이렇게 빚어진 것이 오묘하고 주님께서 하신 일이 놀라워, 이 모든 일로 내가 주님께 감사를 드립니다. 내 영혼은 이 사실을 너무도 잘 압니다. 은밀한 곳에서 나를 지으셨고, 땅속 깊은 곳 같은 저 모태에서 나를 조립하셨으니 내 뼈 하나하나도, 주님 앞에서는 숨길 수 없습니다. 나의 형질이 갖추어지기도 전부터, 주님께서는 나를 보고 계셨으며, 나에게 정하여진 날들이 아직 시작되기도 전에 이미 주님의 책에 다 기록되었습니다. 하나님, 주님의 생각이 어찌 그리도 심오한지요? 그 수가 어찌 그렇게도 많은지요? 내가 세려고 하면 모래보다 더 많습니다. 깨어나 보면 나는 여전히 주님과 함께 있습니다(시편 139:13-18).

하나님께서 우리를 모태에서 "짜맞추셨습니다knit"라고 표현합니다(13절). 뜨개질하듯이 나를 지으셨고, "조립하셨다woven"라고도 합니다(15절). 이는 천을 짜듯이 직조했다는 뜻입니다. 그러니까 하나님이 손으로 뜨개질하듯이, 씨줄과 날줄로 직조하듯이 모태에서 우리를 만드셨다고 고백합니다. 이 일을 개역한 글은 "신묘막측하다"라고 번역했는데, 그야말로 신묘막측한 번역입니다. 영어 성경은 경외스럽고fearfully 경이롭다wonderfully고 옮깁니다. 더 나아가 나의 본질unformed substance이 형성되기도 전에, 다시 말해 내가 태어나기도 전에 하나님은 내 인생을 알고 계셨고 주님의 생명책에 다 기록하셨다고 합니다(16절).

성경은 우리가 태어나면서부터 존재하게 됐다고 말하지 않습니다. 엄마 뱃속에서 난자와 정자가 만났을 때 생겨난 것도 아니라고 합니다. 성경은 "나에게 정하여진 날들이 아직 시작되기도 전에"라는 표현을 쓰면서, 우리는 태어나기도 전에, 심지어 잉태되기도 전에 하나님의 마음 가운데 있었다고 합니다. 베드로 사도는 하나님이 그리스도를 창세 전에 "미리 아셨다"라고 언급합니다(20절). 2절에 나오는 "미리 아심"도 창세 전이었음을 암시합니다.[8] 바울 사도는 "창조 전에 그리스도 안에서 우리를 택하시고"라고 썼는데(에베소서 1:4), 둘 다 얼마나 놀라운 고백인지요.

저는 어릴 때 생물학을 배우고 나서야 제가 태어난 날이 저의 존재가 시작된 날이 아님을 알았습니다. 생일에서 아홉 달 반 정도를 빼 보니, 부모님이 신혼여행을 가신 때였습니다. 허니문 베이비인 셈이지요. 그때 부모님은 온양관광호텔로 신혼여행을 가셨는데, 가끔 온양을 지나가면 '내가 여기서 시작되었구나'라는 생각에 무슨 성스러운 곳이라도 지나는 기분이 듭니다. 그런데

---

[8] 20절에서는 동사형으로 표현되었다.

성경은 그 이상을 이야기합니다. 우주가 만들어지기도 전에 우리는 존재했습니다! 하나님 마음에! 하나님의 택함을 받은 이들이 감격하는 이유가 신학적으로 해석되는 부분입니다. '내가 대체 어떻게 하나님의 택함을 받았을까? 아, 세상이 지어지기 전부터 하나님 마음속에 내가 있었구나.' 작은 예를 하나 들어 보겠습니다. 지금 읽고 있는 이 책의 메시지는 오래전부터 제 마음속에 있었습니다. 신학 공부하면서부터 차곡차곡 쌓인 것인지요. 이제 그 내용을 설교로도 전하고, 책으로도 펴냈습니다. 이처럼 하나님은 우리를 너무 사랑하셔서 우리 모두를 창세 전부터 마음속에 품고 계시다가 이제 드디어 세상에 내놓으셨습니다! 따라서 우리가 택함을 입은 근거는 오직 하나님 아버지께 있습니다.

택하심의 방법

그런데 우리는 죄인입니다. 하나님을 무시하고 그분을 우리 인생에서 밀어냈습니다. 그런데 어떻게 하나님의 택하심을 받을 수 있을까요? 그 방법은 무엇일까요? 베드로 사도는 그 방법을 "성령님의 거룩하게 하심으로"라고 표현합니다. 성령님은 우리를 변화시키는 분입니다. 거듭남에서 시작해 일상에서 하나님을 닮아가도록 매 순간 개입하십니다. 2절은 특히 회심을 일으키는 성령님의 역할에 집중합니다. 하나님이 택하셨을 때 우리는 죄인이었으나, 그런 우리가 거룩해지도록 성령님께서 회심으로 이끄셨습니다.

그리스도인에게 회심은 가장 중요한 지점입니다. 새 생명을 누리는 출발점이기 때문입니다. 그런데 이 중요한 회심이 어떻게 이루어질까요? '내가 마음을 바꿔야지, 마음을 새롭게 해야지, 새롭게 살아야지, 결단해서 세례를 받아야지.' 이렇게 회심할 수 있을까요? 아닙니다. 오직 예수께서 전한 진리를 이해하고 전인격적으로 믿어서 회개하여 하나님 앞에 무릎을 꿇을 때, 성령님께서 우리를 거듭나게 하십니다. 회심은 성령님께서 우리를 거룩하게 하시는 출발점입니다.

물론 지적으로 이해하고 동의하는 일은 중요합니다. 아는 것 없이는 믿을 수도 없으니까요. 하지만 지적 이해나 동의가 회심은 아닙니다. 이해하고 동의한 다음에 하나님 앞에 무릎을 꿇어야 합니다. "제 인생을 주님께 드리겠습니다. 저 같은 죄인을 받아 주시다니요. 예수님의 죽음에 의지해서 나아갑니다. 저를 긍휼히 여기시고 약속하신 성령님을 보내 주십시오"라고 고백하며 하나님 앞에 무릎을 꿇을 때, 우리를 거룩하게 하시는 성령님의 일이 신비하게 시작됩니다. 이것이 회심입니다. 놀라운 은혜를 베푸신 하나님 앞에 우리가 자기 자신을 드리면, 성령님은 그런 우리를 거룩하게 하십니다.

택하심의 목적

그렇다면 하나님이 우리를 택하신 목적은 무엇일까요? 개역개정은 "순종함과 예수 그리스도의 피 뿌림을 얻기 위하여"라고 번역했고, 여러 영어 성경은 "그리스도께 순종함과 그리스도의 피 뿌림을 위해서"라고 번역합니다. 문법적으로는 "예수 그리스도의"가 "피 뿌림을 얻기 위하여"를 직접 꾸미고, "순종함"은 꾸밀 수도 있고 아닐 수도 있습니다. 따라서 "순종함과 예수 그리스도의 피 뿌림을 위하여"라고 분리해 번역하는 것이 자연스럽습니다.⁹

두 갈래 번역에 따라 이 구절의 의미 역시 둘로 나뉩니다. 첫째는 그리스도께만 순종하는 게 아니라 성부 성자 성령 삼위일체 하나님에게 순종하게 하려고 우리를 택하셨다는 의미입니다. 둘째는 "예수 그리스도의"가 "순종함"도 꾸민다고 해석하여, '예수 그리스도의 순종'이 우리를 택하신 목적이라는 뜻입니다. 다시 말해, 예수님은 하나님의 택함을 입은 이로서 하나님께 온전히 순종하셨는데, 우리 역시 그 순종에 이르게 하기 위해서라는 뜻입니다. 두 해석 모두 가능하며, 둘 다 하나님이 우리를 택하신 목적이 순종임을 보여 줍니다.

사람들은 대체로 순종을 싫어합니다. 순종해야 하는 대상이

---

9 εἰς ὑπακοὴν καὶ ῥαντισμὸν αἵματος Ἰησοῦ Χριστοῦ에서 Ἰησοῦ Χριστοῦ에서가 앞의 두 단어 ὑπακοὴν와 ῥαντισμὸν를 꾸며 주는 것이라면, '그리스도의 순종'으로 보아야 한다. 또는 ῥαντισμὸν는 ῥαντισμὸν αἵματος만 꾸며 주고 ὑπακοὴν...는 독립적으로 볼 수도 있다. 이때 순종은 성삼위 하나님께 하는 일반적인 순종의 의미로 볼 수 있다.

무엇이든, 설령 신이라 해도 그 앞에 무릎 꿇고 굴종하거나 종속되는 상황을 달가워하지 않습니다. 하지만 정직하게 살펴보면, 인간은 세상과 자기 자신에게 매여 있습니다. 그 무언가 앞에 무릎 꿇고 있습니다. 세상에, 자기 욕망에 무릎 꿇고 있는 한 인간은 거기서 벗어나지 못합니다. 하나님이 우리를 부르신 이유는, 하나님에게 순종함으로써 세상 그 어떤 것에도, 심지어 자신에게도 매이거나 무릎 꿇지 않는 참된 자유를 주기 위해서입니다.

오늘날만큼 하나님을 믿기 어려운 시대가 있을까요. 자기가 가장 중요한 시대가 됐습니다. 내 생각, 내 느낌, 내 취향, 내 행복…. "자기숭배교 self religion"라고 할 만큼 자기가 중요합니다. 자신이 전부입니다. 그런데 그렇다고 해서 사람들이 더 자유로워지고 더 행복해졌나요? 인간은 하나님에게 순종할 때 참된 자유와 진정한 행복을 누립니다. 인간은 자기를 창조한 분, 자기를 택한 분, 자기를 보낸 분이 누구인지를 알 때 자신이 누구인지를 알게 되고, 자유와 행복의 근원인 하나님과의 관계가 회복됩니다. 그때 세상과 자기 욕망에서도 자유로워집니다. 순종에 이른다는 말은 자유에 이른다는 말과 다르지 않습니다. 절대 진리인 하나님에게 순종함으로 세상 어떤 것에도 매이지 않고 자유로워집니다! 하나님을 믿고 따라가면, 점점 자유를 상실하는 것이 아니라, 오히려 자유가 더 커지고 깊어집니다. 세상 그 어떤 것도 우리를 옥죄지 못한다는 사실을 점점 더 확실히 경험합니다. 그런 면에서 그리스도인에게 나이 듦은 큰 복입니다. 세월이 지날수록 하나님에게 더 깊이 순종하는 법을 배우고, 그러면서 속박은 옅어지고 더 큰 자유가 찾아옵니다.

베드로 사도는 순종과 함께 "예수 그리스도의 피 뿌림"을 언급합니다. 이 구절은 출애굽기 24장을 떠올리게 합니다. 모세가 시내산에서 내려와 제사를 드릴 때, 제단에만 뿌려야 하는 피를 반만 제단에 뿌리고 나머지 반은 백성들에게 뿌립니다. 제단에 뿌린 피는 속죄를 위한 것이었습니다. 그렇다면 백성에게는 왜 뿌렸을까요? 모세는 이렇게 말합니다.

> 모세는 피를 가져다가 백성에게 뿌리며 말하였다. "보십시오, 이것은 주님께서 이 모든 말씀을 따라, 당신들에게 세우신 언약의 피입니다"(출애굽기 24:8).

백성들에게 뿌린 피는 하나님이 자기 백성들과 세우는 "언약의 피"였습니다. 이 말씀을 예수님은 그대로 인용합니다.

> 그리고 예수께서 말씀하셨다. "이것은 많은 사람을 위하여 흘리는 나의 피, 곧 언약의 피다"(마가복음 14:24).

"예수 그리스도의 피 뿌림"을 받는다는 것은 언약이 완전히 체결되었음을 의미합니다. 단지 죄가 사해지는 정도가 아니라, 하나님과 우리 사이에 변경할 수 없는 언약이 체결되었다는 선언입니다. 하나님이 우리를 택하신 궁극적인 목적은, 하나님에게 순종하여 참된 자유를 얻을 뿐 아니라, 그 무엇에도 변경되지 않는 관계를 맺기 위해서였습니다.

"택하심을 입은 이들"을 설명하는 세 전치사 구를 잘 보세요. 우리를 택하려고 성부 성자 성령이 모두 등장합니다. 하나님의 미리 아심, 성령님의 거룩하게 하심, 예수 그리스도의 피 뿌리심. 성부 성자 성령이 힘을 합해서 당신을 택했습니다! 당신이 얼마나 대단한 존재인지요! 베드로 사도는 그 감격으로 편지를 시작하고 있습니다.

그런데 이런 설명을 읽으면서 단지 머리로만 이해하고는 '내가 택함을 받았군'이라고 생각할 수 있습니다. 그것이 바로 '주어진 정체성'입니다. 마음에 떨림이 없고 아무런 감격이 없다면, 아직 '확립된 정체성'까지는 이르지 못했을 수 있습니다. 삼위일체 하나님이 힘을 합해서 자신을 택했다는 사실을 깨닫고 '확립된 정체성'에 이르면, 다음 같은 특징이 자연스럽게 나타나기 마련입니다.

찬양하고 예배합니다

하나님의 택하심을 받은 사람들의 가장 큰 특징은 3절에 바로 나옵니다. 3절은 "찬양을 드립시다"로 시작합니다. 하나님의 택하심을 깨닫고 믿을 때, 즉각 나오는 반응은 찬양입니다. 우리를 택하신 근원과 방법과 목적을 알고, 삼위 하나님 모두가 적극적으로 개입하셨음을 알 때, 우리는 자연스럽게 찬양을 드리게 됩니다. 하지만 우리의 감탄은 일회성이 아닙니다. 진리를 더 깊이 알아 갈수록 찬양 또한 깊어집니다. 그런 면에서 예배는 하나님을 더 깊이 알아 감에 따라, 그분께 드리는 찬양과 함께 더 깊어지는 특징이 있습니다. 3절 후반부는 한 걸음 더 나아갑니다. 택하심을 입은 이들에게 하나님이 어떤 복을 주시는지를 감격에 겨워 서술합니다. 이처럼 하나님을 알아 갈수록 우리의 찬양과 예배도 더 깊어집니다. 좋은 그림은 잘 몰라도 그냥 좋습니다. 하지만 작가와 그 사연을 알면 점점 더 그림에 몰입하게 됩니다. 하나님을 향한 우리의 반응도 같은 이치입니다.

   그러나 많은 사람이 하나님을 예배하고 싶어 하지 않습니다. 대신 우리는 본능적으로 자신을 숭배하고, 자신에게 집중하는 데 익숙합니다. 그러나 예배는 하나님을 바라봄으로, 하나님과 하나님이 하신 일을 기억함으로, 하나님에게 감탄하는 행위입니다. 이런 감탄이 자연스럽게 일어나지는 않습니다. 저는 이른 아침에 일어나면 초나 향을 켜고 저의 기도 자리에 앉습니다. 마음과 자세를 가다듬는 데 도움이 되기 때문입니다. 그리고 주님께 여쭙습니다. "주님, 무슨 노래를 불러 드릴까요?" 그러고는 어떤 노래가 마음에 떠오르면 그 노래를 부릅니다. 하지만 늘 예배가 잘 되지는 않습니다. 어떤 때는 노래도 안 하고 싶고, 아무것도

하고 싶지 않습니다. 그러면 자주 듣는 찬양을 틉니다. 그리고 속으로 이렇게 기도합니다. "주님 오늘은 이 친구 노래 들으세요. 찬양 잘하잖아요." 그런데 그 찬양을 듣다 보면, 직접 찬양하고 싶어집니다. 좋은 찬양은 살아 있는 진리를 다시 보게 하기 때문입니다. 하나님과 하나님이 하신 일을 되새기면, 감격이 살아나고 다시 예배를 드릴 수 있습니다. 예배하고 싶어서 예배하는 게 아니라, 예배를 드리다가 진정으로 예배하게 됩니다.

그래서 베드로 사도 역시 하나님의 택하심을 말한 다음에 "찬양을 드립시다"라고 합니다. 베드로전서의 이 부분을 공부하다가 세 가지 전치사 구를 넣어서 부르기 시작한 찬양이 있습니다. 〈보혈을 지나〉를 개사해서 찬양을 드렸습니다.

> 날 미리 아신, 하나님 앞으로
> 거룩케 하는, 성령님 힘입어
> 보혈을 지나, 하나님 품으로, 한 걸음씩 나가네.
> 존귀한 택하심이, 내 맘을 새롭게 하시네.
> 존귀한 택하심이, 내 맘을 새롭게 하네.

잠시 책 읽기를 멈추고, 이 노래로 하나님을 찬양해 보세요. 찬양은 하나님의 택하심을 입은 사람의 첫 번째 특징입니다.

1부
이중 정체성

하나님이 하신 일을 전합니다

택하심을 받은 사람의 두 번째 특징은 베드로전서 2장 9절에 나옵니다. 우리가 믿는 바에 관해 서술하는 부분(베드로전서 1:3-2:10)의 맨 마지막에서 이 점을 강조합니다. 베드로 사도의 마음에는 택함을 받은 사람들이 받는 복이 가득 차 있습니다.

> 그러나 여러분은 택하심을 받은 족속이요, 왕과 같은 제사장들이요, 거룩한 민족이요, 하나님의 소유가 된 백성입니다. 그래서 여러분을 어둠에서 불러내어 자기의 놀라운 빛 가운데로 인도하신 분의 업적을, 여러분이 선포하는 것입니다(베드로전서 2:9).

택하심을 받은 사람은 하나님을 찬양하는 데서 멈추지 못합니다. 자신을 어둠에서 불러내서 하나님의 놀라운 빛 가운데로 인도하신, 그분의 업적과 덕을 나누고 선포합니다. 다른 사람은 몰라도, 자신이 사랑하고 아끼는 사람에게는 하나님을 자랑하고 알리지 않을 수 없습니다. 자신을 택해서 전혀 다른 삶을 살게 하시는 하나님을 소개하고 권하는 일은 먼저 택하심을 받은 사람들이 보이는 너무나 당연한 반응입니다.

어릴 때는 하나님을 믿고 따르는 삶과 그렇지 않은 삶에 큰 차이가 없어 보입니다. 그러나 나이가 들수록 하나님을 따르는 삶은 점점 더 달라집니다. 어린 시절 친구 중에 여러 면에서 저보다 탁월한 친구들이 많았습니다. 그런데 세월이 지나면서 저와 그들의 삶이 많이 달라졌음을 발견하고는 저 스스로 놀랍니다. 저는 부족했으나 빛 가운데로 인도를 받아서 빛 가운데서 살아왔기 때문입니다. 어둠 가운데서 살면 아무리 자질이 뛰어나도 제대로 볼 수 없으므로 암중모색하며 좌충우돌할 수밖에 없습니다. 그것이 어둠의 특징입니다. 그러나 빛 가운데서 살면 평범한 사람도 선명한 삶을 누릴 수 있습니다. 지금 이 책을 읽고 있는 당신은 하나님을 모르는 친구들보다 먼저 부르심을 입었습니다. 그렇다고 자부심을 가질 문제는 아닙니다. 다른 사람보다 우월해서 우리를 부르신 것이 아니기 때문입니다. 단지 '먼저' 부르셨을 뿐입니다. 먼저 부르심을 입은 사람에게 필요한 것은 자부심이 아니라 책무 의식입니다. 하나님은 당신을 통해 다른 사람들을 부르기 원해서서 당신을 먼저 부르셨습니다. 택하심은 받은 사람은 과거에 자신이 갇혀 있던 어둠의 실체에 진저리를 치고, 빛으로 인도하신 하나님의 아름다운 덕에 감격합니다. 그리고 그 사실을 사랑하는 사람들에게 알리지 않을 수 없습니다.

하나님이 무슨 일을 하셨는지를 알고, 이를 알리는 일은 무엇보다 중요합니다. 심지어 교회 출석이나 헌금보다 하나님을 알고 믿는 것이 더욱 중요합니다. 몇 년 전에 예배 후에 처음 보는 분이 인사를 하면서 교회에 '기부'를 하고 싶다고 하셨습니다. 헌금에 대해 안내를 드렸더니, 기부하고 싶은 것이 비상장 주식이라고 했습니다. 헌금 대신에 기부라는 단어를 써서 그리스인은 아니시구나 하는 생각이 들었습니다. 그래서 기부하고 싶은 이유를 물었더니 이 교회가 헌금을 선한 일에 잘 사용하는 듯해서라고 답했습니다. 그래서 제가 그분에게 말씀드렸습니다. "헌금하는 일도 아름답지만, 선생님이 하나님을 알고 믿는 일이 더 소중합니다. 헌금은 그다음에 하셔도 늦지 않습니다." 그러자 그분이 "그러면 마음이 바뀔지도 몰라요"라고 했습니다. 저는 진실한 마음을 담아 그분을 바라보면서 "마음이 바뀔 것 같으면 헌금이 아니지요"라고 답했습니다. 결국 그분은 기독교의 진리를 함께 공부하고, 예수님을 주인으로 받아들여서 세례를 받았습니다. 사람들에게 가장 중요한 것은 무엇일까요? 하나님의 아름다운 덕을 아는 것입니다. 그래서 그들이 알 수 있도록 하나님의 아름다운 덕을 알리는 일은 그 어떤 종교적 행위나 선행보다도 더 중요합니다.

이처럼 하나님의 택하심을 받았다는 정체성을 확립한 사람은 자연스럽게 하나님을 찬양하며 하나님께 드리는 예배가 깊어집니다(수직). 그리고 먼저 택하심을 받은 사람으로서 하나님의 아름다운 덕을 전하며 살아갑니다(수평). 하나님의 택하심을 받은 사람, 이것이 그리스도인의 첫 번째 정체성입니다.

두 번째 정체성

"택하심을 입은 자"라는 첫 번째 정체성은 두 번째 정체성으로 인해 더 단단해지고 확실해집니다. 베드로 사도는 "택하심"이라는 단어를 언급하자마자, 그에 관한 자세한 설명은 2절로 미루고, '파레피데모스παρεπίδημος'라는 단어를 사용합니다. 개역개정과 새번역은 이 단어를 "나그네"로 번역했습니다. 성경 전체에서는 "떠돌이"(창세기 23:4), "거류자"(시편 39:12, 개역한글성경), "거류민"(베드로전서 2:11), "나그네"(베드로전서 1:1; 히브리서 11:13) 등으로 다양하게 등장합니다.[10] 그런데 베드로전서 2장 11절(창세기 23:4; 시편 39:12)에 '파로이코스πάροικο'라는 단어가 등장하는데, 이 단어 역시 나그네로 번역해서 더욱 혼란스럽습니다. 두 단어를 명확하게 구별하기는 어렵지만, 대체로 '파레피데모스'는 잠깐 머무는 임시체류자, '파로이코스'는 조금 더 오래 머무는 임시거주자 정도로 구별합니다. 베드로전서 1장 1절의 '페레피데모스'는 잠시 머무는 사람을 가리키는데, 여행자나 나그네로 번역할 수 있습니다. 하지만 여행자라고 하면 왠지 관광객 같고, 나그네는 정처 없이 왔다 갔다 하는 사람처럼 보여서,

---

[10] 창세기 23장 4절과 시편 39편 12절에서는 베드로전서 2장 11절처럼 두 단어(παρεπίδημος와 πάροικος)가 함께 등장한다.

정확한 의미를 담기 위해 저는 "임시체류자"로 번역했습니다.

정체가 드러나는 곳

"임시체류자"라는 단어가 왜 중요할까요. 자기 정체성을 주어진 정체성이 아니라 확립된 정체성으로 만드는 중요한 요인이기 때문입니다. 우리가 앞서 다룬 '택하심'은 신앙고백이며, 신앙 영역에서 이루어집니다. 그런데 신앙을 실제로 실천하는 곳은 세상입니다. 베드로 사도가 2절에 언급한 여러 지명은 소아시아, 지금의 튀르키예에 속합니다. 베드로전서는 주후 62년쯤에 쓰였다고 보는데, 공식적 박해가 시작되지는 않았어도 비공식적 박해는 이미 존재했고 점점 잦아지고 있었습니다. 얼마 지나지 않아 네로황제의 박해가 시작되었고, 로마를 중심으로 일부 지역에서 일어났습니다. 주후 90년 도미티아누스 황제 때는 박해가 로마 전역에서 일어납니다. 베드로의 편지는 국지적 박해가 일어나던 시기에 쓰였습니다. 당시 그리스도인들은 사회에서 소수였습니다. 그들은 로마제국이 지배하는 세상에서 제국의 세속적 가치를 강요받으며 살았습니다. 베드로전서 전반에 걸쳐 나타나지만, 당시 사회는 그리스도인들을 적대시했습니다. 로마제국의 권력으로 평화가 강요되고 유지되었지만, 사회 전반은 세상이 언제나 그랬듯이 혼란스러웠습니다.

'세상 가운데 흩어진 임시체류자', 이것이 그리스도인의 두 번째 정체성입니다. 우리는 세상에 정주해 살지 않고, 잠시 머물다가 언젠가는 떠납니다. 여행객이나 유학생과 비슷한 면이 있습니다. 둘 다 체류지에 속하지 않습니다. 어떤 목적 때문에 잠시 체류할 뿐입니다. 여행자는 여행지에서 하고 싶은 것을 다 하지 않습니다. 짧은 시간 동안 관광이면 관광에, 사업이면 사업에 집중합니다. 유학생은 공부에 집중합니다. 안 그러면 졸업장을 받지 못하니까요.

임시체류자는 자신이 체류지 소속이 아님을 잘 압니다. 하지만 체류지의 문화와 법을 존중하며 살아갑니다. 그러나 자기 정체성이 분명한 사람은 체류지의 가치관과 삶의 방식에 세뇌되지도 않고 종속되지도 않습니다. 비록 체류지의 기준을 따라야 하는 때도 있지만 그렇다고 자기 정체성이 바뀌지는 않습니다. 예를 들어 일본이나 뉴질랜드에 가면 우측통행이 아니라 좌측통행을 해야 합니다. 한국인이 그 나라에서 좌측통행을 준수한다고 해서 일본인이나 뉴질랜드인이 되지는 않습니다.

하나님의 택하심을 받은 사람이 우리의 영적 실체라면, 세상에 흩어져 사는 임시체류자는 우리의 사회적 실체입니다. 우리는 임시체류자입니다. 그런데 이 사실을 잊고 사는 그리스도인들이 얼마나 많은지 모릅니다. 세상은 하나님 같은 것은 없다고 하고, 더 나아가 하나님을 적대시하거나 무시합니다. 우리는 그런 곳에 체류하고 있습니다. 모든 영역에서 하나님을 더 이상 고려하지 않는 곳에 잠시 머물 뿐, 속하지는 않습니다!

우리 정체성은 하나님을 부정하는 세상에서 오히려 더 선명해집니다. 하나님을 거세한 세상에서 하나님이 우리를 택하신 목적을 이루려 할 때 우리 정체성은 구별되고 확립됩니다. 확립된 정체성이 생기는 곳은 신앙을 고백하는 마음이나 교회 예배당이 아니라, 삶의 현장입니다. 우리 가정이고, 우리 학교이며, 우리가 사는 동네입니다. 우리 직장입니다. 우리가 사는 사회입니다. 삶의 현장에서 우리 정체성은 확립됩니다. 예배당에 모여서 예배드리고 기도할 때 우리는 놀라운 진리를 깨닫습니다. 그런데 그 진리가 실재가 되는 곳, 진짜로 확립되는 곳은 초기 그리스도인들이 흩어져 살았던 소아시아, 임시체류자인 우리가 사는 세상 한복판, 세속 사회입니다.

하나님을 하나님으로 여깁니다

임시체류자의 삶에도 중요한 특징이 있습니다. 첫 번째 특징을 살펴봅시다. 베드로전서 1장 17절입니다.

> **17** 그리고 여러분이 각 사람의 행위에 따라 차별 없이 심판하시는 분을 아버지라 부르고 있으니, 여러분의 임시거류자 시절을 경외심을 가지고 사십시오.

임시체류자에게 가장 중요한 기준은 하나님입니다. 그들이 살고 있는 세상이 아닙니다. 그들은 하나님을 두려워합니다. 공포에 떤다는 말이 아닙니다. 하나님을 경외하고 하나님을 하나님으로 여기는 것입니다. 달리 말하면 하나님 앞에서 책임성 있게 산다는 뜻입니다. 하나님은 우리를 겉모양으로 판단하지 않고, 각 사람의 행위대로 심판하십니다. 하나님이 보시는 행위는 겉으로 드러난 행위가 아니라 행위와 연결된 마음입니다. 우리를 총체적으로 파악하시는 하나님을 경외하고, 그 앞에서 책임성 있게 사는 것이 임시체류자의 첫 번째 특징입니다.

우리의 소속은 우리가 살고 있는 세속 사회가 아니라 하나님나라이므로, 하나님과 그분이 세운 가치와 기준이 가장 소중합니다. 세속 사회의 요구 중에 체류하는 동안 꼭 따라야 하는 것도 있고, 그중에는 괜찮은 것도 있습니다. 하지만 하나님나라와 그 의와 심각하게 상충하는 것도 있습니다. 하나님을 두려워하는 사람은 손해를 보더라도 하나님나라와 그 의를 먼저 구합니다. 이런 모습은 삶의 전반에 걸쳐 나타납니다. 돈을 벌고 쓰는 일, 이성 교제와 결혼과 가정생활까지를 아우르는 인간관계, 더 나아가 한 사회 시민으로 살아가는 영역에서 우리는 결정을 내려야 합니다. 그 순간에 어떻게 해야 하는지를, 하나님 경외를 기준으로 구체적이고 신학적으로 일러 주는 책이 바로 베드로전서입니다.

그렇다면 반대로 하나님을 두려워하지 않는 것은 무엇일까요? 하나님을 부정하는 것입니다. 구약성경은 지혜 없는 자의 대표적인 모습이 하나님을 두려워하지 않는 것이라고 했습니다. 만물의 근원이신 하나님을 부정하고 두려워하지 않으므로 자꾸 어리석은 결정을 하게 됩니다. 예를 들어 하나님을 두려워하지 않는 사람은 크고 작은 불의에 쉽게 가담합니다. 아무도 보지 않으니 들키지만 않으면 되고, 만에 하나 들켜도 힘으로 무마할 수 있으면 괜찮다고 생각합니다. 그래서 하나님을 두려워하지 않는 사람은 자기 합리화에 능합니다. 하나님을 두려워하지 않는 사람은 자신을 성찰하지 않아도 됩니다. 하나님을 두려워하지 않는 사람은 특별히 겸손할 필요도 없습니다. 자기가 늘 옳으니까요.

그래서 하나님을 두려워하지 않는 사람은 겉으로는 괜찮아 보여도 내면에 겸손함이 자리 잡기 힘들고, 내적 성찰도 부족합니다. 당연히 성장하지 않습니다. 반면, 하나님을 두려워하는 사람은 겸손히 자신을 성찰하므로 성장합니다. 이러한 성장은 그들에게 자유를 줍니다. 하나님을 두려워하는 사람은 임시체류자인 자기 정체성을 삶의 현장에서 지킬 뿐 아니라, 내적으로도 하나님 앞에서 성장해 갑니다. 그들은 자신을 사랑하는 하나님을 두려워할 줄 알기 때문입니다.

다른 방식으로 살아갑니다

임시체류자의 두 번째 특징은 베드로전서 2장 11-12절에 나옵니다.

11 사랑하는 자들이여, 나는 임시거주자요 임시체류자 같은 여러분에게 권하니, 여러분의 영혼을 거슬러 싸우는 어떠한 육체적 욕망이든지 멀리하고 **12** 여러분의 행실을 이방인 중에서 선하게 가지십시오. 그리하면 이를 통해 그들이 여러분을 악행을 하는 자라고 비방하다가 여러분의 선한 일을 보고서 [하나님의] 방문의 날에 하나님께 영광을 돌리게 될 것입니다.

11절의 임시거주자와 임시체류자를 개역개정은 "나그네와 행인"으로, 새번역은 "나그네와 거류민"으로 번역했습니다. 앞 단어인 '파로이코스'는 임시거주자로서 좀 오래 머무는 사람입니다. 뒷 단어인 '페레피데모스'는 1장 1절에 나왔던 그 단어이며, 앞서 살펴본 대로 잠깐 머무는 임시체류자입니다. 베드로 사도는 임시로 머물든지 그보다 짧게 있든지, 다시 말해 임시거주자이든 임시체류자이든 우리가 세상에 잠시 거주하는 사람이라고 강조합니다.

오래 머물든 잠시 있든 간에 임시로 있는 사람들에게 베드로 사도는 권합니다. "영혼을 거슬러 싸우는 어떠한 육체적 욕망이든지 멀리하십시오." 이 문구는 '거짓말하거나 음욕을 품거나 다른 사람을 속이는 행위를 하지 말라'는 말처럼 들립니다. 그런데 곧바로 이어서 "여러분의 행실을 이방인 중에서 선하게 가지십시오"(20절)라는 권면이 이어집니다. 이후에는 사회와 제도 안에서 어떻게 살지, 하인으로 어떻게 살지, 아내로서 어떻게 살지, 남편으로 어떻게 살지를 이야기합니다. 공동체에 주는 권면이 나오기 전까지 세속 사회에서 어떻게 살지를 계속 알려 줍니다.

따라서 "어떠한 육체적 욕망이든지 멀리하십시오"라는 권면은 개인 윤리나 도덕 그 이상입니다. 이 말은 "잠시 체류하는 동안 세상 방식을 따라 자기 멋대로 살지 말라"는 이야기입니다. 베드로 사도는 잠시 머무는 세상에서 책임을 다하며 살라고 권합니다. 우리가 마주하는 수많은 상황과 관계에서 자기 소견에 옳은 대로 살지 말고 하나님 뜻을 묻고 그에 따라 살라고 권면합니다. 임시체류자라면 가정과 직장과 지역사회에서, 우리가 속한 모든 삶의 현장에서 하나님 뜻대로 살아야 합니다. 세상과는 다를 수밖에 없는 '대안적 삶'을 추구해야 합니다.

이렇게 살면 사람들에게 오해를 사거나 때로는 비난을 받습니다. 심각한 어려움에 부닥치기도 합니다. 베드로전서는 바로 그런 사람들, 세상 사람들에게 오해받고 위축된 "임시체류자"를 위해 쓰였습니다. 베드로 사도는 당장은 오해받고 피해도 보겠지만, 우리의 바른 행위를 보고 사람들이 훗날 하나님께 영광을 돌리게 된다고 합니다. 이것이 베드로전서의 중요한 주제입니다. 물론 절대로 쉬운 일은 아닙니다. 하지만 우리는 기준이 사라져 혼란한 현대 사회와 문화 한복판에서 자기 소견대로 살지 말라고, 다수가 살아가는 방식대로 살지 말라고 하나님께서 택하신 사람들입니다. 대신에 우리는 하나님나라와 그 가치를 삶의 현장에서 드러내며 살아야 합니다. 그 일을 하라고 하나님은 우리를 이 세상에 남겨 놓으셨습니다. 우리가 세상 방식과 다른 대안적 삶을 함께 고민하며 만들어 나갈 때, 세상 사람들도 혼란에 빠진 세상과 개인이 좇아야 하는 대안이 하나님나라와 그 의인 줄 깨달을 것입니다.

영광스러운 이중 정체성

베드로전서의 인사말은 매우 간략하나 전체 주제를 함축할 만큼 심오합니다. 베드로 사도는 편지 전체에 걸쳐 그리스도인의 이중 정체성이 무엇인지를 세세히 설명합니다. 가장 중요한 첫 번째 정체성은 우리의 사회적 경험보다 우리가 하나님에게 어떤 존재인지입니다. 우리는 하나님께서 택하신 사람입니다. 삼위 하나님께서 힘을 모아 우리를 택하셨습니다. 그래서 우리는 하나님에게는 찬양을 올리고, 세상 사람들에게는 하나님의 아름다운 덕을 선전합니다. 하나님께서 택한 우리는 세상에 흩어져 살아가는 임시체류자이기도 합니다. 그래서 우리는 하나님과의 관계에서는 그분을 경외하며 그분의 가르침을 삶의 기준으로 삼습니다. 동시에 세상 사람들과의 관계에서는 하나님 뜻을 따라 사는 대안적 삶을 추구하려고 애씁니다. 이것이 모든 그리스도인에게 '주어진 정체성'입니다.

그렇다면 '주어진 정체성'이 언제, 어떻게 '확립된 정체성'으로 바뀔까요? 이 같은 변화는 예배와 삶의 현장이 어우러질 때 일어납니다. 하나님을 예배하고 하나님을 경외하는 일은 언제나 우리의 최우선 순위입니다. 하나님 없이는 모든 것이 헛되기 때문입니다. 우리는 하나님 말씀을 통해서 자신과 세상을 더 선명하게, 무엇보다 하나님에 대해 알아 갑니다. 하지만 그렇게 해서 '주어진 정체성'이 '확립된 정체성'으로 발전하는 곳은 우리가 실제로 살아가는 삶의 현장입니다. 하나님이 없다고 하는 곳, 하나님을 무시하는 곳, 그 한가운데서 고뇌하고 성찰하면서 두 번째 정체성을 확립해 나갑니다. 베드로전서는 주어진 정체성이 삶의 현장을 통해 확립된 정체성으로 전환되는 길을 제안합니다.

2020년 봄에 코로나19 대유행이 전 세계를 뒤덮으면서, 주일 예배를 드리지 못하게 되자 많은 성도와 목회자가 혼란에 빠졌습니다. 일주일에 한 번 유일하게 예배를 드리던 현장이 폐쇄되자 예배가 전면 중단되는 사태가 벌어졌습니다. 그래서 급하게 준비해서 사상 초유의 '비대면 예배'를 온라인으로 송출했습니다. 하지만 주일 예배도 온전히 드리기 힘겨운 사람들에게 비대면 예배는 더더욱 어려운 일이었습니다. 잘 아시듯 예배는 하나님을 알아 가며 그가 하신 놀라운 일에 감격하며 더욱 깊어집니다. 그 예배를 일주일에 한 번 드리는 주일 예배로 대신했던 그리스도인과 교회는 혼란에 빠졌습니다. 그들에게 그리스도인이라는 정체성은 단지 '주어진' 것이었습니다. 하지만 그 상황을 기회로 붙든 이들도 있었습니다. 하나님을 예배하며 세상에서 대안적 삶을 일구려고 애써 왔던 사람들은 그 위기를 '주어진 정체성'을 '확립된 정체성'으로 더 확실하게 전환하는 계기로 삼았습니다.

  개인적으로 어려움을 겪을 때, 가정이나 교회가 또는 사회 전체가 위기에 빠질 때, 우리의 정체성은 더욱 확실하게 세워집니다. 머리로 이해하고 마음으로 믿고 입으로 고백하는 신앙은 아름답습니다. 하지만 '주어진' 채로 있다면, 그 신앙은 아직 어린 상태이며, 결국 위기를 겪으면서 외부 조건에 따라 흔들립니다. 하지만 그때, 임시 체류하는 세상에서 흔들리며 자신이 누구인지를 확실하게 알 때, 비로소 '확립된 정체성'이 찾아옵니다. 그러면 어느 날 베드로 사도처럼, 예수 그리스도께서 자신을 보내셨다는 사실에 감격하며, 세속 사회에 흩어져 사는 동료 임시체류자들을 격려하며, 은혜와 평화를 기원할 수 있을 것입니다.

2.

하나님의 선물 1:3-7

미국 워싱턴 D.C.에 한 달 정도 머문 적이 있습니다. 그때 근교 산을 오를 때마다 쓰러져 있는 아름드리나무를 만나고는 했습니다. 쓰러진 지 얼마 안 된 나무도 있었고 좀 오래된 나무도 있었는데, 놀랍게도 몇십 미터에 이르는 나무의 뿌리가 1미터를 넘지 않았습니다. 대서양에 면한 그 지역은 비가 많고 수분이 충분해서 뿌리를 깊이 내릴 필요가 없었습니다. 그래서 나무들은 수십 년간 얕은 뿌리에 의지해 높이 자랐지만, 태풍 같은 강한 바람을 만나면 견디지 못하고 쓰러졌습니다. 겉으로 드러난 부분이 울창하고 높다고 한들 별로 중요하지 않습니다. 보이지 않는 뿌리가 약하면, 세찬 바람에 맥없이 쓰러져 버립니다. 반대로 허허벌판이나 건조한 지역에서도 살아남는 나무가 있습니다. 뿌리를 수십 미터까지 내려서 물을 찾았기 때문입니다. 뿌리만 깊다면 척박한 환경에서도 버틸 수 있습니다. 물론 그 깊은 곳에 물 근원이 있어야 한다는 전제는 충족되어야 합니다.

우리 인생도 마찬가지입니다. 뿌리를 어디에 얼마나 깊이 내리고 있는지가 중요합니다. 삶에 태풍 같은 거센 바람과 극심한 가뭄이 덮쳐도 살아남을 수 있는지는 뿌리에 달려 있습니다. 겉으로 보이는 성공이나 풍요로움보다 더 중요한 것은 보이지 않는 뿌리가 얼마나 깊은지, 그리고 그 뿌리가 마르지 않는 물 근원에 닿아 있는지입니다.

우리나라는 근현대사의 끔찍한 사건들을 극복하고 빠르게 선진국 반열에 올랐지만, 사람들의 불안과 불행 지수는 매우 높습

2부
하나님의 선물

니다. 절대 빈곤 상태인 사람은 극히 드물고 보고 즐길 것은 넘쳐나지만, 많은 사람이 불안해합니다. 삶의 위기를 관리하고 가정의 안전을 지키려면 어느 정도 재력이 있어야 한다고 생각하지만, 그 정도를 갖추기가 쉽지 않습니다. 게다가 재력만으로도 해결되지 않는 위기가 곳곳에 도사리고 있습니다. 사회 전체가 잘 사는 듯 보여도 다양한 문제와 갈등이 우리 사회와 우리 마음에는 존재합니다. 잠시 풍요를 누리며 재미를 즐길 수는 있어도 언제든 닥칠 수 있는 위기와 상존하는 혼란으로 누구나 두려움과 냉소를 마음 한편에 품고 있습니다. 우리는 지금 이런 불확실한 세상에서 더군다나 '임시체류자'로 살아가고 있습니다. 그러니 더욱더 불안할 수밖에 없습니다.

가시지 않는 의문들

우리 인생에는 겉으로 잘 드러나지는 않아도 중요한 부분이 있습니다. 나무뿌리 같은 것들이죠. 이런 질문들을 한번 생각해봅시다. "무엇을 위해 살아야 하나?" "왜 내 결핍은 채워지지 않지?" "누가 내 안전을 보장할 수 있을까?" "왜 나한테만 이런 어려움이 찾아오는지…" "의미 있게 살려고 애쓴다고 누가 알아주나?" 이런 질문들은 참 중요합니다. 하지만 많은 사람이 적절한 답을 찾지 못해 그저 마음 한구석에 묻어 두고 삽니다. 심지어 하나님을 믿는 사람 중에도 그런 사람이 적지 않습니다. 죽으면 천국에 간다는 믿음은 있을지 모르지만, 이런 근본적인 질문에는 적절한 답을 찾지 못한 채 살아갑니다.

공허: 무얼 위해 살고 있는지

사람들은 자신의 존재 이유와 인생의 궁극적인 목적에 대해 끊임없이 질문합니다. 젊은 시절에 이 질문의 답을 찾지 못하고 이미 체념한 사람도 있겠지만, 이 질문은 우리 마음속에 깊이 박힌 가시와 같습니다. 어떤 사람은 돈을 많이 벌어서 원하는 것을 사고 즐겁게 살면 된다고 생각합니다. 또 다른 사람은 타인에게 해만 안 끼치고 우리 가족 행복하게 살면 된다고, 그게 자신의 소박한 목표라고 말합니다. 하지만 이런 답으로는 우리 마음 깊은 곳에 박힌 근본적인 질문이 사라지지 않습니다.

그리스도인들의 형편도 비슷할 때가 많습니다. 세상 사람들과 별반 다르지 않게 살면서 과연 무엇을 위해 살고 있나 하는 질문이 생깁니다. 교회 생활을 열심히 하고 개인 경건 생활을 꾸준히 하는 것이 전부인가 하는 의문이 생깁니다. 삶의 목적을 모른 채 이렇게 살다가 죽음을 맞이하는 것, 그것이 끝일까요? 그래서 많은 그리스도인도 보통 사람들처럼 작은 소망을 마음에 품고 살아갑니다. 오늘 재미있는 일을 기대합니다. 저녁에 즐길 음식과 영화와 스포츠 중계를 기다립니다. 조금 더 장기적으로는 "…만 하면"이라는 생각을 하기도 합니다. 대학에만 들어가면, 직장만 구하면, 결혼만 하면…. 이런 "…만 하면"이라는 생각은 꼬리에 꼬리를 물고 인생의 작은 이정표들을 제시해 주지만, 이것 역시 끝이 없는 일입니다. 결국 무엇을 위해 사는지에 대한 질문은 해결되지 않은 채 인생의 시간은 매일 강물처럼 흘러갑니다.

결핍: 다들 있는데 왜 나만

매일 평범한 행복을 추구하며 살아가지만, 삶은 내 마음대로 되지 않습니다. 이는 우리 삶에 결핍이 존재하기 때문입니다. 어린 시절 불행했던 사람들은 그 시절 사랑의 부족이 평생에 걸쳐 영향을 미친다는 것을 경험합니다. 사람들과 좋은 관계를 맺고 싶어 하지만, 진정한 우정이라는 값비싼 축복을 누리는 사람은 많지 않습니다. 게다가 자본주의 사회에서 살아가려면 재력이 필수이지만, 기울어진 운동장에서 자신과 가족을 지킬 재력을 마련하기란 불가능에 가깝습니다. 그야말로 '할아버지의 재산'이 필요한데, 모든 사람에게 그런 할아버지가 있지는 않으므로 대다수가 경제적 결핍으로 힘들어합니다.

그리스도인들 또한 이러한 결핍에서 자유롭지 않습니다. 하나님을 믿으면 모든 일이 잘 되고 이 세상에서도 잘 살고 죽으면 천국에 간다는 '번영 신학'은 여전히 영향력을 행사하고 있지만, 많은 그리스도인은 이 삼중·사중 축복이 믿음이 강한 소수에게만 허락된다는 불편한 진실을 이미 깨달았습니다. 모두가 성공할 수 있을 것 같았던 개발도상국 시절에는 이 번영 신학이 상당한 영향력을 발휘했습니다. 하지만 이미 사회 계층이 고착화된 세상에서는 부동산, 주식, 코인으로 벼락부자가 되는 길이 믿음 생활을 하는 것보다 훨씬 더 현실적으로 보입니다. 그래서 그리스도인들조차 이런 정보를 교환하며 서로를 부러워하는 '교제'를 나누기도 합니다. 부족함 없어 보이는 타인의 삶을 부러워하며, 누가 내 결핍을 채워 줄지, 왜 나는 이렇게 불운한지를 질문합니다. 결국 이번 생은 망했다는 생각이 떠나지 않고, 그렇게 체념하며 살아갑니다.

불안: 어디가 제일 안전할까

사실 사람들은 재력이나 권력을 추구합니다. 적극적으로는 그 권세를 마음껏 누리고 싶은 마음에서겠지만, 소극적으로는 자신을 지키고 싶어서입니다. 자기 안전을 누구도 보장해 주지 않으니, 스스로 보호막을 구축해야 하는데, 이것이 결코 쉽지 않습니다. 태어날 때부터 인간은 본능적으로 불안했습니다. 실오라기 하나 걸치지 않은 채 이 땅에 온 인간은 끊임없이 자신을 보호하기 위해 온갖 방법을 모색합니다. 이 때문에 인간의 문명이 발전하기도 했으나, 사람들은 그 불안함을 이겨 낼 힘을 찾지 못하고 있습니다. 재력, 배경, 인맥 등을 총동원해 자신을 지켜 줄 요새를 쌓으려 하지만, 자신의 안정을 보장할 요새를 마련하기란 쉽지 않습니다.

그리스도인들은 하나님이 자신들을 특별히 보호하시고 복 주신다고 믿으며 살아가지만, 그리스도인이라고 해서 질병과 사고를 피할 수 없다는 현실을 깨닫고는 불안해합니다. 외적 환경은 그렇다고 해도 그리스도인들 마음속에 깃든 불안감은 생각보다 훨씬 큽니다. 자신에 대한 하나님의 평가가 그리 좋지 않다고 여겨서 삶에 이런저런 어려움이 닥치는 것이 어쩌면 당연하다고 생각합니다. 그래서 그리스도인들조차 세상에서 안전을 확보하려면 세상 사람들이 선택하는 방법을 적극적으로 고려하고 동원해야 한다고 생각합니다.

시련: 왜 이렇게 힘들고 어려운지

불길한 예감은 늘 들어맞는다고, 안전하지 않은 우리에게는 어려움이 쉴 새 없이 찾아옵니다. 전 세계 사람들이 함께 겪은 코로나19 대유행이나 나라 전체가 고통을 분담한 IMF 외환 위기 같은 재앙은 어쩔 수 없다고 해도, 왜 자신에게만 이렇게 혹독한 시련이 찾아오는지 사람들은 의아해합니다. 정신적·육체적 질병, 관계에서 겪는 어려움, 재정 위기 등 특별히 잘못한 것이 없는 데도 극심한 어려움이 찾아올 때, 사람들은 "왜 나한테만?"이라는 질문을 던집니다. 때때로 우리는 시련 그 자체보다 왜 그런 시련을 겪어야 하는지를 이해할 수 없어서 더욱 괴롭습니다.

더군다나 그리스도인으로서 하나님을 위해 살겠다고 나섰는데도 다양한 시련이 끊이지 않을 때, 사람들은 질문합니다. "하나님을 안 믿는 사람들도 잘만 사는데, 왜 저한테는 이런 시련을 주시나요…." 특히 하나님을 위해 많은 것을 헌신하고 포기했다고 생각하는 사람들이 다양한 시련을 겪는 모습을 보면, 하나님의 택하심에 의문이 들기도 합니다. 자신만을 위해 살지 않고 다른 사람들을 돌보면서 생기는 여러 관계 속에서의 어려움은, 차라리 나 자신만을 위해서 사는 것이 낫지 않나 하는 생각을 하게 합니다.

무시: 누가 알아주려나

우리는 대부분 다른 사람의 시선에서 자유롭지 못합니다. 솔직히 말해서 많은 사람이 남들에게 좋은 평가를 받으려고 애쓰며 사는지 모릅니다. 이런 마음을 보통 '명예욕'이라고 부릅니다. 쉽게 말해 자신의 '이름값'을 하고 싶은 욕구입니다. 특히 의미 있는 삶을 추구하며 기꺼이 희생을 감수하는 이들을 생각해 봅시다. 만약 아무도 그들의 수고를 알아주지 않고 무시한다면 삶의 동기를 상당 부분 잃어버릴 것입니다. 사회적으로 대단한 인정을 못 받더라도 배우자, 부모, 자녀에게 인정받으면 괜찮을 수 있습니다. 하지만 가까운 사람이 자신을 인정해 주지 않으면 마음에 큰 상처를 입습니다. 직장이나 소속 집단에서도 이런 일이 일어납니다. 상사나 동료에게 인정받지 못하면 '여태까지 잘못 살았나…?'라는 생각에서 벗어나기 힘들 수 있습니다. 이런 이유로 때로는 옳지 않은 줄 알면서도 인정받으려고 어쩔 수 없이 타협하기도 합니다.

목회자를 포함해서 교회에서 열심히 활동하는 사람들은 다른 이들의 평가에 특히 민감합니다. 왜 그럴까요? 교회 활동은 재정적 보상이나 세상 경력에 도움이 되지 않으므로 다른 교인들이 그들의 헌신과 노력을 알아주는 게 정말 중요합니다. '내가 이렇게 열심히 하는데, 누군가는 알아주겠지' 하는 마음이 은연중에 스며듭니다. 하지만 현실은 어떤가요? 많은 경우 이런 갈망은 제대로 채워지지 않습니다. 그래서 많은 성도와 목회자가 마음에 상처를 안고 살아갑니다. 놀랍게도, 교회에서 일어나는 많은 갈등의 중요한 원인 중 하나가 바로 '인정받지 못함'과 '무시당함'입니다. 이런 상처를 한두 번 받은 사람은 교회든 어떤 모임에서든 마음을 주지 않게 됩니다. 더는 상처받고 싶지 않기 때문입니다.

지금까지 살펴본 질문들이 우리 마음속 한편에 자리하고 있습니다. 평소에는 의식하지 못하다가도 문득문득 떠오릅니다. 특히 그리스도인으로 살아가기로 선택하면, 이런 질문들이 더

날카롭게 우리 내면을 파고듭니다. 세상에서 자리 잡고 성공하겠다는 목표를 가진 사람들도 자신의 꿈을 이루지 못하면 좌절감을 느끼며 이런 질문을 던집니다. 하물며 우리처럼 그리스도인으로서 다른 삶을 추구하는 이들에게는 이런 질문이 더욱 날카롭게 다가옵니다. 그런데 놀랍게도 지금 우리가 살펴볼 베드로전서 1장 3-7절은 이런 질문에 심오한 답을 제시합니다. 이 말씀을 통해 하나님께서 우리 '임시체류자'들에게 어떤 답을 선물로 주셨는지 살펴보겠습니다.

3 하나님 곧 우리 주 예수 그리스도의 아버지께 찬양을 드립시다.[1] 그는 그 크신 자비로 우리를 거듭나게 하셔서 죽은 사람들 가운데서 예수 그리스도의 부활하심을 통해[2] 산 소망과 **4** 썩지 않고 더러워지지 않고 사라지지 않는 유산을 주셨습니다. 이 유산은 여러분을 위해 하늘에 간직되어 있고, **5** 여러분은 하나님의 능력으로 믿음을 통해 보호되어 마지막 때에 나타나기로 준비된 구원을 얻을 것입니다. **6** 이 안에서 여러분은 크게 즐거워합니다.

---

1 서신 초두에 나타나는 첫 단어가 Εὐλογητὸς(찬송하리로다)이다. 번역상 문장 끝에 두었지만, 여기에 사도 베드로의 감격이 있다.

2 "부활하심을 통해"가 "우리를 거듭나게 하사"를 꾸민다고 번역할 수도 있고(개역개정), "산 소망을 갖게 해 주셨"음을 꾸민다고(NASB, NIV, NKJ, NRS, 새번역) 번역할 수도 있다. 후자로 번역한 이유는 "부활하심"과 "산 소망"이 가장 가까이 위치하여 자연스럽기 때문이다.

비록 지금 잠깐 여러 가지 시련으로 슬픔을 당할 수밖에 없지만, **7** 여러분의 믿음의 연단은 불로 연단 되어도 결국 사라지는 금보다 더 귀한 것으로 예수 그리스도가 나타나실 때에 찬양과 영광과 존귀로 드러날³ 것입니다.

거듭남

베드로전서의 수신자들은 소아시아 곳곳에 흩어져 살아가면서 우리와 비슷한 질문으로 고민했을 것입니다. 낯선 땅에서 소수자로서 차별과 박해를 겪으며 이런 생각을 하지 않았을까요. '이렇게 사는 게 무슨 의미가 있나?', '이대로 살아도 괜찮나?' 그런데 어려운 상황에 놓인 1세기 그리스도인들에게 베드로 사도는 뜻밖의 말을 건넵니다. 편지의 첫인사를 마치자마자 "찬양을 드립시다"라고 선언합니다. 마치 폭풍 속에서 등대를 밝히듯, 흔들리는 마음에 희망의 빛을 비춥니다.

---

3 개역개정이나 새번역에서 "얻게 함이라"라고 번역했으나 εὑρεθῆ εἰς...는 문자적으로 "찬양과 영광과 존귀를 위하여 발견될 것이다"라는 의미이므로, 우리가 "…를 얻기" 위함이 아니라, 우리 자신이 "찬양과 영광과 존귀로 발견될 것," 즉 "드러날" 것이라고 번역했다.

깊은 뿌리

베드로 사도의 상황도 편지를 받은 이들과 크게 다르지 않았을 텐데, 그럼에도 "찬양을 드립시다"라고 선언합니다. 그의 삶이 무언가에 깊이 뿌리를 내리고 있었기 때문입니다. 베드로 자신이 깊이 뿌리내리고 있었던 그것, 그가 발견하고 누리고 있었던 놀라운 복을 사랑하는 '임시체류자'들에게도 전해 주고 싶었습니다. 임시체류자인 우리 역시 베드로 사도가 나눠 주고 싶었던 그 놀라운 복을 누릴 수 있으며, 그곳에 깊이 뿌리내릴 수 있습니다. 베드로전서에서 가장 중요한 부분, 이 편지의 뿌리라고 할 만한 부분을 제게 꼽으라고 하면, 서슴없이 1장 3-7절이라고 할 것입니다. 이 구절은 하나님이 우리에게 주시는 종합선물세트 같습니다. 그리고 그 선물세트의 이름은 바로 '거듭남'입니다. 그 선물세트를 열어 보면 주요 선물 두 개와 덤으로 같이 온 선물 세 개가 들어 있습니다.[4] 우리가 거듭난 덕분에 받게 되는 다섯 가지 선물입니다. 베드로 사도는 이 선물들을 너무나 잘 알았고, 또 충분히 누리고 있었습니다. 그래서 그는 기쁜 마음으로

---

[4] 헬라어 원문을 자세히 살펴보면, 우리를 거듭나게 하신 목적으로 두 가지를 언급한다(3하-4절). 그다음은 부연 설명으로, "보호하심"(5절)과 "믿음의 연단"(7절)과 "찬송과 영광과 존귀가 될 것"(8절)을 언급한다. 3-7절은 매우 집약적인 서술로, 거듭남을 중심으로 두 가지 중심 목적과 그에 따르는 부연 설명으로 이루어져 있다. 따라서 거듭남에 속한 다섯 가지 복으로 볼 수 있다.

"찬양을 드립시다"라고 편지를 시작할 수 있었습니다. 우리도 이 선물들을 알고 누릴 수 있다면, 어떤 상황에서도 찬양할 이유를 발견할 수 있습니다.

베드로 사도는 1장 3절에서 "그 크신 자비로 우리를 거듭나게 하셨다"라고 강조합니다. "거듭나다"라는 표현은 예수께서 니고데모에게 하신 "다시 태어나야 한다"라는 말씀을 떠오르게 합니다. 요한복음 3장에서 사용한 이 표현과 베드로 사도가 쓴 단어는 조금 다르지만, 둘 다 '다시 태어나는 것'을 의미합니다.[5] 쉽게 말해, 육체적으로 태어난 후에 다시 한번, 위로부터 태어나는 것입니다. 이것을 우리는 거듭남, 곧 회심이라고 부릅니다. 그런데 여기서 중요한 점이 있습니다. 베드로 사도는 이 거듭남이 우리 안에 있는 어떤 선한 것 때문이 아니라고 말합니다. 전적으로 하나님의 자비만으로 가능하다고 분명히 밝힙니다.

하나님의 "그 크신 자비"는 우리를 향합니다. 우리는 우리를 풍요롭게 하지도 않고, 안전하지도 않고, 영원하지도 않은 세상 속에서 살아갑니다. 그러면서 하나님 없이도 풍요롭고 안전하며

---

5 베드로가 사용한 이 단어(ἀναγεννάω)는 베드로전서에만 2회 나타나고(1:3; 23), "다시ἀνα"라는 접두사와 "낳다γεννάω"라는 동사로 이루어져 있다. 예수께서 니고데모와 대화하실 때는 γεννηθῇ ἄνωθεν라고 말씀하셔서, 동사와 부사의 형식으로 "낳다"+"다시"(또는 위로부터)로 표현하셨다. 이 표현 역시 요한복음에서 2회 사용되었다(3:3, 7). 둘 다 동일한 의미라고 볼 수 있다.

행복하게 살 수 있다는 속삭임에 마음을 뺏깁니다. 그렇게 살다가 어려움이 닥치면 불안해하고 고민하고 괴로워하고 두려워합니다. 그러다가 어려움이 사라지면 다시 세상에 취해 살아갑니다. 이런 패턴을 반복합니다. 하나님은 이렇게 살아가는 우리를 긍휼히 여기십니다. 우리 연약함을 아시고, 우리 고민을 이해하시며, 우리를 불쌍히 여기십니다.

이런 우리의 거듭남은 하나님의 "그 크신 자비" 덕분에 가능합니다. 쉽게 지나칠 수 있는 표현이지만, 깊이 생각해 볼 가치가 있습니다. 하나님은 자기 아들을 보내셔서 그의 귀중한 피를 십자가에서 흘리게 하셨습니다. 베드로전서 1장 18-19절에서는 우리가 "대속함을 받은 것"이 "그리스도의 보배로운 피" 덕분이라고 선언합니다. "그 크신 자비"는 단순히 인간을 불쌍히 여기는 마음을 넘어, 자기 아들을 희생시킨 하나님의 지극한 사랑을 의미합니다. 바울 사도도 에베소서 2장 4-5절에서 "그러나 하나님은 자비가 넘치는 분이셔서, 우리를 사랑하신 그 크신 사랑으로 말미암아 범죄로 죽은 우리를 그리스도와 함께 살려 주셨습니다"라고 말합니다. 우리가 거듭날 수 있는 근거는 바로 하나님이 십자가에서 보여 주신 무한한 사랑입니다. 베드로가 "그 크신 자비"라고 표현하고 바울이 "그 큰 사랑으로 말미암아"라고 할 때, "그"라는 말이 붙어 있는 것을 눈치채셨나요? 이는 역사 속에서 하나님이 우리에게 실제로 베풀어주신 "그 자비"와 "그 사랑"을 가리킵니다.

기독교는 추상적 개념이나 이론을 제시하는 종교가 아니라, 하나님이 직접 인간 역사에 개입하셔서 일하신 사실을 증언하는 종교입니다. 하나님은 예수 그리스도를 통해 인간이 되셔서 우리 역사 속에 오셨으며, 실제로 십자가에서 죽으시고 부활하심으로써 인간을 향한 자신의 지극한 사랑을 보여 주셨습니다(로마서 5:8). 이 놀라운 구원 역사는 하나님께서 오래전부터 약속하신 것이며, 드디어 예수 그리스도를 통해 이루어졌습니다. 베드로 사도가 베드로전서 1장 23절에서 우리가 "여러분은 다시 태어났습니다…살아 계시고 영원하신 하나님의 말씀으로 그렇게 되었습니다"라고 말한 이유가 바로 그 때문입니다. 하나님은 지금도 인간 역사 속에서 일하고 계시며, "그때"가 되면 하나님의 종을 보내셔서 인류를 구원하시는 놀라운 일을 약속하신 대로 행하실 것입니다. 우리의 거듭남은 단지 인쇄된 성경이나 그 안의 교리들을 믿는 데서 오는 것이 아니라, 이 책과 교리들이 증언하는 '하나님의 말씀'을 믿음으로써 이루어집니다. 바로 이런 이유로 우리의 거듭남은 흔들리지 않습니다. 우리의 거듭남은 하나님의 역사적 행위에 뿌리를 두고 있기 때문입니다.

구원의 삼중 시제

이어서 베드로 사도는 거듭난 우리가 누리는 구원에 관해 설명합니다. 그런데 이해하기 어려운 표현을 사용합니다. 베드로전서 1장과 2장 초반을 보면 베드로 사도가 구원에 대해 뭔가 혼동하고 있는 듯 보입니다. 일반적으로 우리는 거듭남과 구원을 그리스도의 완전한 속죄 제사로 '구원의 확신'을 얻게 된 사건으로 이해합니다. 우리의 구원은 이미 완료된 것으로 여깁니다. 하지만 베드로 사도는 구원과 관련해 현재, 과거, 미래 시제를 모두 사용합니다.

> **1:3** 하나님은 그 크신 자비로 우리를 <u>거듭나게 하셨습니다</u>(과거).
> **1:5** 마지막 때에 나타나기로 준비된 <u>구원을 얻을 것입니다</u>(미래).
> **1:9** 믿음의 목표 곧 여러분 영혼의 <u>구원을 받고 있습니다</u>(현재).
> **1:18-19** 여러분은…<u>구속되었습니다</u>.…그리스도의 보배로운 피로 되었습니다(과거).
> **1:23** 여러분은…<u>거듭났습니다</u>.…살아 있고 항상 존재하는 하나님의 말씀으로 <u>거듭났습니다</u>(과거).
> **2:2** 여러분은…<u>구원에 이르도록 자라나게 될 것입니다</u>(미래).

위의 구절을 종합하면, 우리는 하나님의 그 크신 자비로 거듭났고(1:3), 그리스도의 귀한 피로 구속되었으며(1:18-19), 하나님의 말씀으로 거듭났습니다(1:23). 우리에게 익숙한 구원의 과거성입니다. 그런데 베드로 사도는 우리가 구원을 받고 있다며(1:9) 구원의 현재성도 이야기합니다. 이와 함께 미래에 나타날 구원을 얻을 것이고(1:5), 구원에 이르도록 자라나게 될 것이라며(2:2) 구원의 미래성도 이야기합니다. 시제만으로 보면, 우리가 이미 구원받았다는 것인지, 앞으로 받는다는 것인지, 아니면 현재도 구원받고 있다는 것인지 매우 혼란스럽습니다.

'구원받았다'라는 확실성만을 강조해 온 우리에게 베드로 사도의 말씀은 혼란스럽게 들릴 수 있습니다. 하지만 이것이 바로 초대교회 성도들이 가지고 있던 '구원관'이었습니다. 그들에게 구원은 단순히 천국 입장권처럼 소유하는 것이 아니었습니다. 오히려 그들 안에서 늘 새롭게 자라나고 새로워지는 놀라운 영적 실재였습니다. 세상에서 하나님과 단절된 채 살아가던 우리가 예수 그리스도의 십자가 죽음과 그를 통한 죄사함을 믿을 때, 하나님과의 관계가 회복됩니다. 이것이 바로 우리가 구원받았다는 것입니다(구원의 과거성). 이때 생명의 씨앗이 우리 속에 심어집니다. 그리고 그 구원이라는 생명은 우리 속에서 자라갑니다(구원의 현재성). 결국 마지막 날에 하나님께서 이 구원을 완성하실 것이고, 그때 우리는 온전한 구원을 누리게 될 것입니다(구원의 미래성).

이 같은 구원의 이해를 '구원의 삼중 시제'라고 부를 수 있는데, 우리가 누리고 있는 구원의 역동성을 잘 보여 줍니다. 구원의 과거 측면만 강조하면 어떻게 될까요? 우리는 가벼운 확신에 안주해 영적 성장을 소홀히 하고, 앞으로 올 온전한 구원을 소망하지 않을 수 있습니다. 반대로, 구원의 미래 측면만 강조한다면 어떨까요? 과연 구원을 받을 수 있을지 늘 불안해하며 살다가 죽음을 맞이할 것입니다. 하지만 구원이 이미 이루어졌다는 확실성과 미래에 온전히 완성될 것이라는 소망을 함께 품을 때, 우리는 이 세상을 살아가면서 우리 안에 심어진 예수 그리스도의 생명이 성장하는 것을 경험하며 구원의 현재성을 추구하게 됩니다. 따라서 우리는 다음처럼 담대하게 선언할 수 있습니다.

우리는 구원받았습니다.
우리는 구원받을 것입니다.
우리는 구원받아 가고 있습니다.

우리의 구원은 참으로 역동적입니다! 단순한 개념이 아니라, 지금 이 순간 우리 삶에서 일어나고 있는, 살아 있는 영적 실재입니다. 베드로전서의 특별한 점은 무엇일까요? 바울의 편지들에서도 이러한 구원관이 여기저기 흩어져서 나타나지만[6], 베드로전서는 짧은 지면에 구원의 세 가지 시제를 모두 담고 있습니다. 이렇게 과거, 현재, 미래 시제를 한꺼번에 사용한 경우는 성경에서 매우 드물게 나타납니다. 예수님께서 하나님나라를 비유로 설명하신 본문들(마가복음 4장; 마태복음 13장; 누가복음 8장)에서

---

6 바울이 구원에 대해 언급한 부분은 다음과 같다. 과거(로마서 8:24; 에베소서 2:8; 디모데후서 1:9; 디도서 3:4-5), 미래(로마서 5:9; 13:11; 디모데후서 3:18; 고린도전서 3:15; 5:5), 현재(고린도전서 1:18; 고린도후서 2:15; 빌립보서 2:11). 더 자세한 설명은 《제자훈련, 기독교의 생존방식》(비아토르)의 7장에서 확인할 수 있다.

2부
하나님의 선물

비슷한 예를 찾아볼 수 있지만, 그 외에는 찾기 어렵습니다. 그렇다고 해서 이 가르침이 예외적이지는 않습니다. 오히려 신약성경 전체에 걸쳐 나타나는 구원에 대한 일관된 가르침을 압축적으로 전하고 있습니다.

하나님나라와 삼중 시제

구원의 삼중 시제는 하나님나라를 이해하면 더욱 선명해집니다. 베드로 사도가 직접적으로 '하나님나라'라는 예수님 가르침의 핵심어를 사용하지는 않았습니다. 그럼에도 베드로의 편지들은 예수님이 가르치신 하나님나라 사상을 근간으로 삼고 있습니다. 사실, 성경의 모든 책은 하나님나라라는 틀로 이해할 수 있습니다. 성경의 어떤 책도 그 프레임을 벗어나지 않습니다. 따라서 "하나님나라로 읽는 성경 시리즈"가 가능하고, 또한 필수적이라고 말할 수 있습니다.

예수님이 네 복음서에서 가르치신 하나님나라를 요약하면 다음 그림과 같습니다.[7] 성서학자들이 이 도표를 만든 것은 최근

---

[7] 예수께서 가르친 하나님나라에 관해서는 다음 책을 추천한다. 초신자나 하나님나라에 문외한인 그리스도인은 《하나님나라의 도전》(비아토르)을, 마가복음에 나타난 하나님나라에 관심이 있다면 《청년아 때가 찼다》(조이선교회)를, 좀 더 자세한 설명이 필요하다면 《제자훈련, 기독교의 생존방식》(비아토르)의 3장, 7장, 8장을 살펴보기를 권한다.

일이지만, 초대교회 성도들이 오래전부터 가지고 있던 세상과 하나님나라, 역사에 대한 관점을 잘 보여 줍니다.

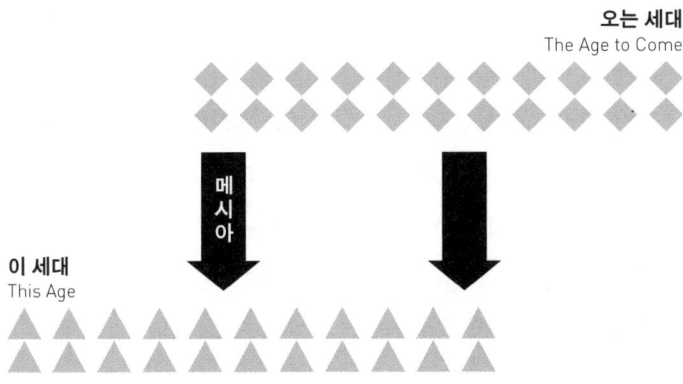

우리가 사는 '이 세대This Age'는 어떤 모습인가요? 하나님을 외면한 채 자기중심적으로 살아가는 특징을 보입니다. 인간의 자기중심성은 세상 곳곳에 상처를 남기고 있습니다. 인류가 아무리 발전하고 진보해도, 깨진 세상에서는 선한 사람들의 불행, 정의를 추구하는 이들의 고통, 약자들의 눈물과 한숨이 끊이지 않습니다. 이런 세상을 심판하고 회복하기 위해 하나님은 메시아 예수님을 보내겠다고 약속하셨습니다. 결국 예수님이 오셔서 십자가에서 죽으심으로 우리 죄가 사해질 길이 열렸고, 그의 부활로 '오는 세대The Age to Come', 곧 하나님나라가 시작되었습니다. 그런데 특이한 점은 이 세대와 오는 세대가 한동안 겹쳐서 존재한다는 것입니다. 두 세대의 병립은 예수님이 다시 오실 때까지 이어집니다. 결국 예수님이 다시 오실 때 이 세대는 심판받고 이미 시작된 하나님나라는 완성됩니다.

하나님이 인간 역사에 개입해 깨진 세상을 회복하고 완성하는 그림은 우리 개인의 구원에도 적용됩니다. 우리는 예수 그리스도의 십자가에 힘입어 죄를 용서받고 하나님나라에 들어갑니다. 우리는 구원받았습니다. 하지만 여전히 이 세상에 살면서 그 안에서 하나님나라를 추구합니다. 우리는 사는 동안에 하나님나라 백성답게 조금씩 자라며 구원을 이루어 갑니다. 그리고 마침내 예수님이 다시 오시거나 우리가 죽을 때, 완성된 하나님나라에 이를 것입니다. 구원이 완성될 것입니다.

이 본문은 베드로전서를 이해하는 데 매우 중요한 열쇠입니다. 세상 속에 흩어져 살아가는 '임시체류자', 곧 그리스도인들은 거듭남을 통해 완전히 다른 신분을 얻은 사람들입니다. 베드로 사도가 편지 첫 인사말에서 그들을 "택하심을 입은 이들"라고 부른 이유가 바로 그 때문입니다. 놀라운 구원을 받았다는 그 사실을 바탕으로, 베드로 사도는 임시체류자로서 어떻게 살아야 하는지를 가르쳐 줍니다. 이 세상에 속하지 않는 사람들이 이 세상에서 어떻게 살아야 하는지를 알려 줍니다. 이런 구원과 하나님나라에 관한 이해는 무척 중요합니다. 신약성경뿐만 아니라 구약성경을 읽을 때도 핵심이 되는 관점입니다. 초대교회 성도들도 바로 이런 관점으로 자신들의 구원과 하나님나라를 이해했습니다.

뿌리 깊이
하나님나라

다섯 가지 선물

베드로 사도는 거듭남이라는 선물 속에 얼마나 값진 복이 숨어 있는지 '임시체류자'들에게 상세히 설명합니다. 그는 거듭남을 통해 주어지는 다섯 가지 복(산 소망, 유산, 보호, 믿음의 단련, 온전한 인정)을 단숨에 쏟아내듯이 말합니다. 마치 거듭남이라는 종합선물세트를 받아서 기대감에 부풀어 열어 보니 그 안에 소중한 다섯 가지 선물이 들어 있는 것과 같습니다. 이 다섯 가지 복은 현대인과 그리스도인들이 끊임없이 고민하는 삶의 목적, 결핍, 불안, 시련, 무시에 답을 제시합니다.

공허에서 '산 소망'으로

첫 번째 복은 '산 소망'입니다. 우리가 늘 고민하는 '삶의 목적은 무엇인가'라는 질문에 대한 답입니다. 그런데 왜 베드로 사도는 그냥 '소망'이 아니라 '산 소망'이라고 했을까요? 사실 우리는 모두 어떤 소망과 기대를 품고 살아갑니다. 아침에 눈을 떴을 때 아무것도 하고 싶지 않고, 이부자리를 걷고 나올 이유조차 없다면 삶을 이어 갈 수 없습니다. 이러한 소망의 부재는 무기력과 절망으로 이어집니다. 따라서 대부분의 사람은 작은 기대라도 가지고 살아갑니다. '며칠 있으면 월급 나오니까 좀만 더 버티자', '오늘 저녁에 동창 모임이 있으니까', '오늘 재미있는 프로

그램이 올라온다는데…', '빨리 퇴근해서 국대 축구 경기 봐야지', '새로 나온 맛있는 치킨 시켜 먹으면서 영화나 볼까' 하는 생각들이 다 일종의 기대입니다. 좀 더 장기적인 기대도 있죠. '결혼하면', '우리 아들딸 대학 가면', '회사에서 진급하면', '그 동네에 집을 사면' 같은 먼 미래에 대한 기대도 있습니다.

이런 기대나 소망 없이 우리는 살 수 없습니다. 하지만 유효기간이 너무 짧습니다. 잠깐 우리를 설레게 했다가 곧 사라져 버립니다. 그래서 이런 기대나 소망은 살아 있는 소망이 아니라, 잠시 존재하다가 곧 사라지는 유한한 소망입니다. 약간 과장해서 말하면, 이런 소망들은 '죽은 소망'이나 다름없습니다. 그런데 하나님은 죽은 소망이 아니라 '산 소망'을 주셨습니다. 우리가 거듭남을 통해 얻게 된 특별한 선물입니다. 거듭남이 새로운 삶의 시작점이라면, 산 소망은 그 삶의 완성점입니다.

베드로 사도가 말한 '산 소망'에 대해 좀 더 자세히 알아봅시다. 이 소망은 단순한 기대나 희망이 아닙니다. 베드로 사도는 "죽은 사람들 가운데서 예수 그리스도가 부활하심으로 말미암아" 산 소망이 생겼다고 말합니다. 죽음 이후의 삶에 소망이 생겼습니다. 이는 어두운 방에 커튼이 열리면서 빛이 쏟아지는 것과 같습니다. 예수님의 부활 사건을 통해 삶이 죽음으로 끝나지 않고 그 후에 또 다른 삶이 있다는 사실을 아주 살짝 엿보게 되었습니다. 이제 우리는 더 이상 죽음을 두려워할 필요가 없습니다. 오히려 죽음 이후에 우리를 기다리는 새로운 삶, 온전한 삶,

사랑과 정의가 함께하는 삶, 이 땅에서는 경험하고 싶었으나 절대 맛볼 수 없었던, 불안과 결핍이 안정과 온전함으로 바뀌는 삶을 상상하며 바랄 수 있습니다.

무엇보다 그 나라에 이르면 우리는 우리를 위해 십자가에서 죽으신 주님을 만날 것입니다. 하나님이 없다고 하는 이 세상 한복판에서 우리를 하나님나라로 이끌어 오신 예수님 앞에 나아가게 될 것입니다. 그분께 와락 안길 자신은 없지만, 그분의 발 앞에 무릎 꿇고 입 맞출 날을 꿈꿉니다. 그날에는 그분을 직접 마주하고 예배를 드릴 수 있을 것입니다. 우리는 살아 있는 동안 '하나님의 영광'을 얼핏 보는 복을 누리기도 힘들지만, 그때는 그 영광이 온 피조물을 가득 채우는 광경을 보게 될 것입니다. 이 땅에서 우리를 눈물짓게 하고 한숨 쉬게 했던 모든 불의와 불평등이 사라지고, 사람들뿐만 아니라 모든 만물이 서로 화해하여 하나님의 완벽한 샬롬을 누릴 것입니다. 이런 것들을 상상하게 되는 것, 이것이 바로 산 소망입니다.

사실 산 소망은 우리의 지성과 언어로 온전히 설명할 수 없습니다. 단지 미루어 짐작하고 상상할 뿐입니다. 영화 예고편이 영화의 전부가 아니듯, 책의 서론이 책 전체를 대변하지 않듯이, 아무리 예쁜 포장지라도 그 안의 선물이 더 중요하듯이, 우리의 현재 인생은 마치 예고편, 서론, 포장지 같은 것입니다. 산 소망이 실제로 우리 눈앞에 펼쳐질 때, 그때 비로소 "우리가 바라던 것들"의 실체를 볼 것입니다. 이 땅에 살면서 이해할 수 없는 일들도 있었고 고통도 많았지만, 하나님나라가 임하고 산 소망이 실현된 그 나라에 들어가면, 우리가 이 땅에서 겪었던 모든 일들은 아주 미미해질 것입니다.

예를 하나 들어 봅시다. 당신이 초등학교 때 좋아한 아이가 있었다고 합시다. 그런데 당신 친구도 그 아이를 좋아했고, 결국 그 아이는 당신이 아닌 당신 친구를 데이트 상대로 선택했습니다. 그때는 많이 서운하고 힘들었을 것입니다. 하지만 지금 와서 생각해 보면 어떤가요? 그 아이가 왜 당신 친구를 택했는지 아직도 서운하고 궁금한가요? 아마도 아닐 것입니다. 이와 마찬가지로, 하나님나라가 임하면 우리가 이 땅에 있을 때 이해할 수 없었던 수많은 질문이 더 이상 궁금하지 않을 것입니다. 그때 돌이켜보면, 지금 우리를 괴롭히는 많은 문제는 마치 어린아이의 고민처럼 그리 중요하지 않게 여겨질 것입니다.

그날에 정말로 중요한 것은 예수 그리스도를 만나 그분의 영광을 누리는 것입니다. 이 땅에서는 단지 상상만 할 수 있었던 '온전함'을 실제로 경험하는 것입니다. 베드로 사도는 이 소망이 너무나도 강렬해서인지 편지 곳곳에서 표현합니다. "예수 그리스도께서 나타나실 때에"(1:7, 13), "하나님께서 찾아오시는 날에"(2:12), "목자장이 나타나실 때에"(5:4), "앞으로 나타날 영광을 함께 누릴 사람으로서"(5:1), "자기의 영원한 영광에 불러들이신 분께서"(5:10). 이러한 표현들은 베드로 사도가 얼마나 이 산 소망에 깊이 뿌리를 내리고 있는지를 잘 보여 줍니다. 바로 이 산 소망 때문에 베드로 사도는 임시체류자로서 멋지게 살아낼 수 있었습니다.

오늘날 기독교가 직면한 큰 문제 중 하나는 현세에만 집중하는 경향입니다. 안타깝게도 '산 소망'에 대해 성도들이 서로 이야기를 나누거나 설교를 들을 기회가 매우 드뭅니다. 어쩌면 오늘날 기독교는 '이 땅에서 잘 먹고 잘사는 종교'로 변질되었는지도 모릅니다. 나그네로 살기보다는 이 땅에 자리를 잡고 성공을 추구하며, 현세에서 온갖 재미와 의미를 찾으려는 모습이 현대 그리스도인과 교회의 민낯은 아닐까요? 하지만 진정한 그리스도인의 정체성은 이 땅에 영구히 정착하는 사람도 아니고, 그렇다고 목적 없이 방황하는 나그네도 아닙니다. 우리는 이 세상에 잠시 머물며 '산 소망'을 품고 그날을 기다리는 사람들입니다. '산 소망' 없이는 잠시 머무는 이 세상에 쉽게 빠져들고 함몰될 수밖에 없습니다. 그러나 하나님은 우리를 거듭나게 하시면서 이 귀중한 '산 소망'을 선물로 주셨습니다.

결핍에서 '영원한 유산'으로

두 번째 복을 개역한글성경에서는 '기업'이라고 번역했는데, 다른 말로 하면 '유산'입니다. 유산이란 보통 부모나 선조에게 물려받은 정신적·물질적 재산입니다. 1장 4절을 보면, 하나님이 우리에게 주신 유산의 특징이 잘 나옵니다. 이 유산은 "썩지 않고 더러워지지 않고 낡아 없어지지 않"고, "하늘에 간직되어 있습니다." 이 유산은 앞서 설명한 '산 소망'의 한 부분이기도 합니다. 산 소망의 핵심이 우리를 사랑하시고 우리가 사랑해 온 주님을 만나서 온전한 사랑의 관계 안으로 들어가는 것이라면, 이 유산은 그 외에 우리가 누리게 되는 '어떤 것'들입니다.

베드로 사도는 그것이 무엇인지 구체적으로 설명하기보다는 유산의 성격에 집중합니다. 우리는 육신을 입고 죄로 오염된 세상에서 사는 터라, 더군다나 이해력도 제한적이라서 그 유산의 구체적인 내용을 들어도 온전히 이해하기 어려울 것입니다. 가끔 천국을 다녀왔다고 주장하는 사람들 이야기나 책을 보면, 그들이 묘사하는 것들이 매우 물질적이고 세속적일 때가 많습니다. 이는 아마도 그들이 무엇을 보았다고 해도 자신들이 가진 한계 안에서 오염된 시각으로 해석했기 때문일 것입니다. 베드로 사도는 지혜롭게도 유산의 구체적인 내용에 대해서는 언급하지 않습니다. 대신 그 유산의 본질적인 특성, "썩지 않고 더러워지지 않고 낡아 없어지지 않는 유산"이라는 세 가지 점을 강조합니다.

먼저, "썩지 않고"라는 특성은 이 땅의 것들과 대조됩니다. 이 세상의 모든 것은 생명이 유한하고 결국에는 썩고 사라집니다. 그러나 우리가 받을 유산은 썩지 않고 영원히 변하지 않습니다. 두 번째 "더러워지지 않고"라는 특성은 우리가 세상에서 경험하는 죄의 결과와 대조됩니다. 죄는 인간을 먼저 더럽히고 인간이 만들어 내는 문명과 피조세계를 오염시킵니다. 그러나 우리의 유산은 이런 죄의 영향에서 완전히 자유롭고 따라서 더는 더러워지지 않습니다. 마지막으로 "사라지지 않는" 특성은 하나님의 본질을 반영합니다. 세상 모든 것은 유한하고 결국 사라지지만, 하나님이 마련해 주신 유산은 사라지지 않고 영원히 존속합니다.

이 세 가지 특성, "썩지 않고 더러워지지 않고 사라지지 않는 유산"의 특성은 하나님의 고유한 성품과도 일치합니다. 우리가 받을 유산은 하나님의 생명, 하나님의 의, 하나님의 영원성을 반영합니다. 하나님의 생명으로 인해 썩지 않고, 하나님의 의로 인해 더러워지지 않으며, 하나님의 영원성으로 인해 사라지지 않습니다. 이와 대조적으로, 우리가 이 땅에서 받는 유산들은 하나님이 없으므로 썩고 더러워지고 사라집니다. 베드로 사도는 이 놀라운 유산이 우리를 위해 하늘에 간직되어 있다고 말합니다. "하늘에 간직되어 있습니다"라는 표현은 완료형 수동태로, 하나님이 지금까지 완벽하게 이 유산을 보관하고 계신다는 의미입니다. 이 땅의 사람들은 자신의 유산을 보존하거나 확보하기 위해 다양한 방법을 사용하지만, 그것이 스위스 은행의 비밀계좌라 할지라도 완전히 안전하지는 않습니다. 그러나 우리의 유산은 하나님이 그분의 나라에서 완전하게 보호하고 계십니다.

이 유산을 보장받은 사람은 이 세상에서 아무리 부족한 것이 있어도 일시적 결핍으로 여길 수 있습니다. 너무 부족한 예이지만, 한 가지 상황을 생각해 봅시다. 하루하루 살기가 빠듯한 사람이 매일 편의점에서 컵라면으로 끼니를 때우면 마음이 안 좋을 것입니다. 그러나 그 주머니에 당첨된 복권이 있다면 현재 은행 잔고가 비었어도 아주 다른 심정으로 컵라면을 먹을 것입니다. 유산을 보장받았다는 확신이 우리 안에 있다면, 현재 우리를 괴롭히고 있는 결핍에 매우 다른 태도를 취할 수 있습니다.

가장 큰 복인 산 소망과 유산에 이어서, 베드로 사도는 세 가지 중요한 복을 차례로 이야기합니다.

불안에서 '한결같은 보호'로

베드로 사도는 5절에서 "하나님께서는 여러분의 믿음을 보시고 그의 능력으로 여러분을 보호해 주시며, 마지막 때에 나타나기로 되어 있는 구원을 얻게 해 주십니다"라고 말합니다. 여기서 "보호하다"라는 단어는 원래 양 떼나 도시를 보호하거나 죄수를 지킬 때 사용하는 표현입니다. 안에서도 나갈 수 없고 밖에서도 들어올 수 없게 철저하게 막는다는 뜻입니다. 현재형 수동태로 쓰였는데, 이는 우리가 지금 이 순간에도 하나님의 보호를 받고 있다는 것입니다. 앞서 살펴본 "유산은…하늘에 간직되어 있습니다"가 완료형 수동태인 것과는 대비됩니다. 두 표현을 종합하면, 우리가 받을 유산은 이미 안전하게 보관되어 있으며, 동시에 우리는 지금 이 순간에 하나님의 보호를 받고 있습니다.

이 보호의 근원은 바로 하나님의 능력입니다. 하나님이 변치 않는 성실함과 그 능력으로 우리가 마지막 날 나타나기로 되어 있는 구원을 얻을 때까지 보호하신다는 의미입니다. 여기서 베드로는 다시 한번 구원의 미래적 완성을 언급합니다. "마지막 때"는 일차적으로는 주님이 다시 오시는 날을 의미하며, 이차적으로는 우리 인생이 죽음으로 끝나는 날을 가리킵니다. 즉, 주님이 다시 오실 때까지, 또는 우리가 죽을 때까지 하나님의 능력이 우리를 보호합니다.

그런데 여기에 "믿음을 보시고"라는 중요한 표현이 들어가 있습니다. 믿음은 무엇일까요? 종교개혁 이후 그리스도인들은 '믿음'의 목적어를 하나님이 우리를 위해 하신 일로 축소하는 경향을 보여 왔습니다. 이는 당시 가톨릭교회가 성경의 진리를 제대로 가르치지 않고, 행위와 교회에 의해 구원을 받는다고 호도했기 때문입니다. 이에 대응해 종교개혁가들은 행위에 대비되는 개념으로 오직 믿음으로 구원을 얻는다는 사실을 강조했습니다.

믿음(피스티스πίστις)은 단순히 하나님이 우리를 위해 행하신 진리에 지적으로 동의하거나 그 진리를 인정한다고 고백하는 것만이 아닙니다. '하나님을 향한 전인격적 신뢰'를 의미하며, 더 나아가 충성과 충정의 의미까지 포함합니다. 우리가 보호받는 근원은 하나님의 능력이지만, 우리 쪽에서 지켜야 할 조건이 있

2부
하나님의 선물

습니다. 바로 이 믿음입니다. 하나님은 그분의 능력으로 성실하게 우리를 지키시나, 그에 반응해 우리가 충정과 충성으로 하나님께 나아갈 때야 하나님의 보호를 경험하게 됩니다. 우리는 우리 존재를 위협하는 상황과 특히 그리스도인들에게 적대적인 환경 속에서 살아갑니다. 하지만 우리가 하나님이 하신 일을 전인격적으로 믿고 충정으로 하나님을 따를 때, 우리 인생의 끝까지, 또는 역사의 끝까지 하나님은 우리를 보호해 주십니다. 믿음을 일회적 고백으로 여기고 하나님의 보호만을 요구하는 것은 하나님과의 관계를 단순한 계약 관계로 축소하는 것입니다. 인격적 관계는 상호적입니다. 우리는 하나님께 믿음, 곧 충정을 바치며, 그분은 우리를 보호하십니다.

코로나19 대유행은 전 세계를 두려움에 빠뜨렸고, 그리스도인들도 예외는 아니었습니다. 전염병 확산을 막으려면 당연히 주의를 기울여야 합니다. 우리의 부주의로 이웃이 고통받는 일은 없어야 하기 때문입니다. 하지만 주의를 기울이는 정도를 넘어 지나치게 위축되었다면, 우리의 믿음을 진지하게 돌아볼 필요가 있습니다. 우리를 움직이는 것이 하나님을 향한 충성인지, 아니면 단순한 두려움인지 생각해 봐야 합니다. 세상 사람들이 움츠러들고 위기감을 느낄수록, 죽음 너머의 실체를 알고 기다리는 이들, 산 소망을 가진 그리스도인들은 오히려 더 적극적으로 주변 사람들을 돕고 사랑하는 일에 힘써야 합니다. 기독교 초기인 2-3세기에 전염병이 창궐했을 때 많은 기득권층이 도시를

버리고 도망갔지만, 그리스도인들은 남아서 이웃을 돌보고 치료하는 일에 매진했습니다.[8] 그들도 죽음이 두려웠지만, 부활의 소망이 있었기에 그 두려움을 이겨내고 이웃을 돌볼 수 있었습니다.

오해하지 마십시오. 코로나19 같은 감염병을 가벼이 여겨 질병의 온상이 되어도 좋다는 말이 아닙니다. 우리를 위축시키는 세상에서 마음을 써야 할 일은 이웃을 사랑하고, 복음을 전하며, 우리 공동체의 약한 사람들을 섬기는 일입니다. 위기 상황이야말로 신앙생활을 제대로 할 때입니다. 만약 우리가 움츠러들어 있다면, 그 이유가 무엇이든 하나님의 능력을 신뢰하지 않고 우리를 위협하는 대상을 두려워하고 있지는 않은지 돌아봐야 합니다. 죽음은 우리를 위협하는 모든 것 중에 가장 큰 것이지만, 하나님은 끝까지 우리를 보호하십니다. 그렇다고 해서 우리가 질병에 걸리지 않거나 모든 위험에서 면제된다는 의미는 아닙니다. 하나님의 보호란, 그분의 능력으로 우리를 지키셔서 마지막 날에 우리의 산 소망이 실현되고 약속된 유산을 실제로 받게 하신다는 것입니다. 우리가 이 땅에서 '임시체류자'로 사는 동안 하나님은 그분의 능력으로 우리를 끝까지 지키실 것입니다.

---

[8] 로드니 스타크는 《기독교의 발흥》 4장 "역병, 네트워크, 개종"에서 전염병이 오히려 초기 기독교를 성장시킨 한 요인임을 고대 문서와 사회학적 분석을 통해 보여 준다.

코로나19 대유행이 전 세계를 덮쳤을 때, 많은 사람이 우울증에 시달렸습니다. 하지만 그리스도인들은 '코로나 블루'에 걸릴 틈이 없었습니다. 오히려 이런 시기야말로 그 어느 때보다 바쁘고 의미 있게 보낼 수 있는 때입니다. 비대면 상황에서도 할 수 있는 일이 많습니다. 다 같이 모이지는 못해도 온라인에서 일대일로 만나 교제할 수 있고, 격려가 필요하거나 고통 가운데 있는 사람에게 연락하거나 갑자기 가난해진 사람을 도울 수도 있습니다. 특히 삶과 죽음에 대해 고민하는 현대인에게 복음을 전할 절호의 기회이기도 했습니다. 앞으로도 다양한 위기가 닥칠 것입니다. 그때야말로 우리의 믿음, 곧 하나님을 향한 충정으로 이웃을 더욱더 사랑할 기회입니다. 하나님의 보호하심을 믿는 사람은 죽음조차 두려워하지 않고 의연하게 살 수 있기 때문입니다. 많은 사람이 보호받기 어려운 상황이 오히려 그리스도인들에게는 '확립된 정체성'을 심화할 절호의 기회입니다.

시련에서 '믿음의 단련'으로

베드로전서 1장 6-7절에서는 고난의 의미를 이야기합니다. 고난이라는 주제는 베드로전서를 형성하는 중요한 요소 중 하나입니다. 베드로 사도는 "지금 잠시 동안 여러 가지 시련 속에서 어쩔 수 없이 슬픔을 당하게 되었다 하더라도"라며 고난의 필연성을 강조합니다. 우리가 사는 세상은 하나님의 다스림이

제거된 깨진 세상이며, 때로는 불의가 승리하는 것처럼 보이는 곳입니다. 따라서 이 세상에서 바르고 정직하게 살려고 하면 고난을 피할 수 없습니다. 심지어 평범하게 살려고 해도 '깨짐'의 사회적 성격으로 인해 우리 잘못과는 무관하게 고난을 겪기도 합니다. 세상살이와 고난은 떼려야 뗄 수 없는 부분입니다.

더욱이 우리는 고난 앞에서 수동적일 수밖에 없습니다("당하게 되었다 하더라도"). 우리는 고난의 종류나 시기를 선택할 수 없으며, 당하는 것밖에 어찌할 도리가 없습니다. 또한 고난은 다양한 모습을 하고 찾아옵니다("여러 가지 시련 속에서"). 우리는 살면서 사회적 정신적 육체적으로 다양한 종류의 고난을 경험합니다. 그런데 다행히도 고난은 한시적입니다("지금 잠시 동안"). 고난은 대개 일시적으로 우리에게 머뭅니다. 때로는 평생 떠나지 않을 때도 있으나, 그때는 하나님이 평생 지고 갈 힘을 주십니다. 앞서 살펴보았듯이 하나님은 그분의 능력으로 우리를 지키십니다. 그리고 우리의 전 생애조차 우리가 누릴 '산 소망'의 삶에 비하면 잠시일 뿐입니다. 하지만 고난은 즉각적인 결과를 가져오는데, 슬픔입니다. 베드로 사도는 우리가 "어쩔 수 없이 슬픔을 당하게 되었다"라고 합니다. 왜 내게 이런 일이 일어났는지, 또는 왜 저 사람에게 저런 어려움이 생겼는지를 생각하면 우리는 슬플 수밖에 없습니다.

그런데 베드로 사도는 고난이 가져오는 그 슬픔 너머에 놀라운 결과가 있다고 말합니다. 7절에서 그는 고난으로 우리의 믿음이 단련된다고 설명합니다. 금은 뜨거운 불로 정련되어 순금이 되고, 우리의 믿음 역시 불과 같은 고통스러운 날들을 통과하며 더 귀한 것으로 단련됩니다. 하지만 그 순금조차 영원하지 않으나 고난을 통과한 우리의 믿음은 "예수 그리스도께서 나타나실 때에 칭찬과 영광과 존귀를 얻게" 합니다. 이것이 고난이 우리에게 주는 장기적인 결과입니다. 우리가 겪는 어려움을 깊이 생각해 보면, 우리 안의 불순한 요소들과 연관되어 있음을 발견하게 됩니다. 고난을 통해 우리 믿음의 그 불순한 요소들이 정화됩니다. 특히 하나님을 충분히 신뢰하지 못했던 자세와 영역이 드러나기도 합니다. 그 부분들이 고난의 불길 속에서 태워져 나가고, 그 결과 우리의 믿음은 조금 더 순전한 상태로 나아가게 됩니다.

베드로 사도는 짧은 6-7절에서 고난의 여러 측면을 압축해서 제시하는데, 고난을 이토록 간결하고 깊이 있게 요약하다니 감탄을 금할 수 없습니다. 고난의 필연성(고난은 피할 수 없습니다), 수동성(우리가 고난을 선택할 수 없습니다), 다양성(고난은 여러 형태로 나타납니다), 한시성(고난은 일시적입니다), 즉각적 결과(슬픔), 장기적 결과(믿음의 단련)까지 가히 '고난의 신학'이라고 할 만합니다. 베드로 사도처럼 고난의 실체를 제대로 이해하면, 그가 6절에서 말하듯 고난 중에도 기뻐할 수 있습니다. 새번역은 "기뻐하십시오"라고 번역했지만, 문맥상 개역개정의 "크게 기뻐하는도다"가 더 적절해 보입니다. 이는 현재 고난 중에 있으면서도 기뻐하고 있는 상태를 나타내기 때문입니다. 고난 중에 기뻐한다는 이 역설적인 사상은 바울 사도의 가르침에서도 발견됩니다. 로마서 5장에서 바울은 환난이 인내를, 인내가 연단을, 연단이 소망을 낳는 줄 알기에 환난 중에도 기뻐한다고 말했습니다.

  베드로와 바울, 그리고 초대교회 성도들의 이런 고백은 일반 사람들이 쉽게 이해하기 어려운, 진실한 신앙인들의 깊은 고백입니다. 그리스도인에게 가장 중요한 것은 하나님과의 관계이고, 그 관계를 맺을 때 우리에게 필요한 것이 믿음입니다. 그런데 우리 믿음을 자세히 들여다보면, 그 안에 우리의 욕망이 숨어 있거나 하나님을 조종하려는 욕심이 들어 있음을 발견합니다. 그런 불순한 요소들이 고난이라는 불을 통해 정련되어 순수해집니다. 그래서 우리는 고난 중에도 기뻐할 수 있습니다. 생각해보세요. 당신이 가장 소중하게 여기는 것이 깨끗하고 아름다워질 기회가 생겼는데 마다하시겠어요? 우리는 자녀가 훌륭하고 흠 없는 어른으로 성장하려면 여러 어려움을 겪어야 한다는 사실을 잘 알고 있습니다. 성장통을 거친 후에야 멋진 어른으로 자랄 줄 안다면, 잠시 마음이 어둡고 슬프겠지만 그래도 기쁘지 않을까요?

  초기 그리스도인들이 고난 앞에서 두려워하지 않았던 이유는 그 고난을 통해 세상에서 가장 소중한 하나님과의 관계가 더욱 순수하고 깨끗하며 온전해질 줄 진심으로 믿었기 때문입니다. 그 비밀을 아는 사람들은, 베드로전서의 핵심 주제이기도 한데,

고난이 닥쳤을 때 "왜 나한테만 이런 일이 일어나?"라고 불평하지 않습니다. 하나님이 자신을 다시 한번 다듬고 계신다, 하나님이 하나님나라를 더욱 온전하게 이루어 가고 계신다고 인정하며 그 과정에서 이 고난의 의미가 무엇이고, 자신에게 무엇을 가르치려고 하시는지를 주님께 묻습니다.

맞습니다. 앞서 살펴본 하나님의 보호와 우리가 겪는 고난 사이에는 겉보기에 모순이 있는 것처럼 보입니다. 하나님이 우리를 보호하시면 고난이 없어야 할 것 같은데 말이죠. 하지만 이는 '보호'의 의미를 잘못 이해하고 있기 때문입니다. 하나님의 보호는 우리가 겪는 모든 어려움과 고난을 피하게 해 주는 것이 아닙니다. 앞서 말했듯이 깨진 세상에서 고난은 피할 수 없습니다. 따라서 하나님의 보호는 우리가 깨진 세상에서 불가피한 고난을 겪을 때 우리를 지탱해 주는 힘이며, 고난을 통해 우리 믿음이 정련되고 성장하도록 이끄는 과정입니다. 궁극적으로는 우리를 구원의 완성으로 이끕니다. 따라서 우리는 고난 그 자체보다는 그 앞뒤에 있는 하나님의 보호와 우리 믿음의 단련에 집중해야 합니다. 하나님의 보호는 세상에서의 성공이나 문제 없는 삶의 보장하는 것이 아니라, 우리 믿음의 단련과 구원의 완성을 위한 것입니다.

무시에서 '온전한 인정'으로

"여러분 믿음의 연단은…예수 그리스도가 나타나실 때에 찬양과 영광과 존귀로 드러날 것입니다." 이것이 마지막 선물입니다. 이 구절을 개역개정은 "예수 그리스도께서 나타나실 때에 칭찬과 영광과 존귀를 얻게 할 것이니라"라고 번역했고, 새번역은 다소 풀어서 "예수 그리스도께서 나타나실 때에 여러분에게 칭찬과 영광과 존귀를 얻게 해 주십니다"라고 옮겼습니다. 원문의 뉘앙스는 여러분이 겪는 믿음의 연단이 결국 찬양과 영광과 존귀가 된다는 것입니다.[9] 우리의 믿음이 시련을 겪으며 더욱 순전해지므로, 시련을 통과한 우리의 믿음은 그리스도께서 오실 때 찬양과 영광과 존귀로 드러난다는 뜻입니다.

세상에서 겪는 고통과 시련, 특히 선과 정의를 위해 살다가 겪는 어려움들을 하나님에 대한 신뢰로 이겨 낼 때, 우리의 믿음은 하나님 앞에서 찬양과 영광과 존귀가 됩니다. 베드로 사도의 이 말씀은 적대적이고 우리를 위축시키는 세상을 살아가는 우리에게 큰 위로와 힘이 됩니다. 하나님이 그 모든 과정을 지켜보고 계시며, 우리를 보호하시는 주님께서 우리 믿음의 시련을 보고 계십니다. 그리고 우리가 그 과정을 잘 견디고 통과했을 때,

---

9 εὑρεθῇ εἰς를 "may be found in"(NASB), "may be found to"(NKJ), "may be found to result in"(NRS), "may result in"(NIV) 등으로 번역하고 있다.

찬양과 영광과 존귀를 받으십니다. 고난은 우리를 불로 정련한 금보다 더 온전한 존재로 만들 것이며, 고난을 견뎌 낸 시간은 하나님께 찬양과 영광과 존귀로 드려질 것입니다.

우리는 광대한 세상에서 지극히 작은 존재입니다. 우리 삶이 세상에 어떤 영향을 미칠 수 있을지 생각하면 더욱 미미하게 느껴집니다. "내가 이렇게 산다고 해서 세상이 달라지나?" "누가 알아나 주나? 아니 기억이나 할까?" 이런 생각이 자주 듭니다. 특히 선을 위해 애쓰거나 정의를 위해 피해를 감수하면서 말이라도 할라치면 주변의 반발을 삽니다. "왜 굳이 문제를 일으켜?" "오지랖 넓게 나대지 마." 이 같은 핀잔을 듣기 일쑤입니다. 그래서 많은 그리스도인들이 관용이라는 이름으로 개인적이고 사회적인 죄에 눈을 감습니다. 아무도 뭐라고 하지 않고, 다들 그렇게 살아간다는 이유를 대면서…. 하지만 우리가 침묵으로 세상의 방식을 용인하는 대신에 하나님나라의 가치인 사랑과 정의의 원리를 따라 살면 불리하고 불편하고, 더 나아가 험한 꼴을 당하기도 합니다. 그 모든 어려움과 시련을 견디는 힘은 어디서 나올까요? 우리 주님께서 우리 노력과 헌신을 지켜보고 계시며, 그 모든 애씀이 그분이 오실 때 찬양과 영광과 존귀가 될 것이라고 믿고 바랄 때 우리는 견뎌 낼 수 있습니다.

이해하기 어려운 일로 고난을 겪을 때, 그것이 깨진 세상을 살아가는 우리에게 불가피한 것임을 인식하고 하나님을 의지해 극복할 때, 그 모든 일로 인해 결국 하나님이 찬양을 받으십니다. 자기와 가족만을 위해 살라고 요구하는 세상 속에서, 자기 가정을 열어 타인을 환대하고 함께 예배하며 교제하는 공동체를 이끄는 이들의 헌신은 값진 것입니다. 이는 타인의 문제와 갈등, 어려움에 자신의 삶을 바치겠다는 결단이며, 자기 삶의 상당 부분을 다른 사람에게 내어주겠다는 약속입니다. 이 같은 행동에는 종종 어려움이 따르지만, 그럼에도 믿음을 지킬 때 그들의 삶은 하나님 앞에서 영광이 됩니다. 일터에서 작은 불의를 묵과하지 않고 대안을 찾아 노력할 때 겪는 반발 역시 하나님 앞에서 존귀한 일입니다. 우리의 수고와 노력을 주님이 알고 계시며, 마지막 날에 인정하실 것이기 때문입니다.

저 역시 평생 사역을 해 오면서 적지 않은 열매를 거두었지만, 깨진 세상과 세속화하는 교회를 바라볼 때면 무력감과 의구심이 들 때가 있습니다. '이렇게 수고해서 사역하는 것이 무슨 의미가 있나?' 아마도 이스라엘의 선지자들이 회개의 메시지를 전할 때도, 초대교회 사도들이 온갖 어려움 속에서 복음을 전할 때도 비슷한 생각이 들지 않았을까요? '저들이 과연 하나님 말씀을 듣고 돌이킬까?' '언제 땅끝까지 복음이 전해지려나, 어느 세월에…' 하지만 그들의 시각은 세상 사람들의 평가나 눈에 보이는 사역의 열매가 아니라, 하나님의 평가에 맞춰져 있었습니다. 마지막 날에 하나님께서 평가하실 것이며, 특히 단련된 믿음이 찬양과 영광과 존귀로 드러날 것이라는 시각이 없다면, 도대체 누가 '임시체류자'로서 선과 정의를 위해 살아갈 수 있을까요? 거덤남이라는 하나님의 놀라운 선물에 들어가 있는 마지막 복은 우리의 분투를 알아주시는 하나님, 바로 그분의 인정입니다.

임시체류자들의 하늘 잔치

살다 보면 신선한 바람과 쾌청한 날씨도 만나지만, 때로는 모진 바람과 추위, 가뭄과 태풍 같은 것들도 찾아옵니다. 그 모진 풍파를 이겨 내는 나무는 뿌리가 아주 깊습니다. 겉으로 보기에 아무리 멋져도 뿌리가 얕으면 나무는 쉽게 쓰러지고 맙니다.

그리스도인의 삶은 참으로 복합적입니다. 세상 사람이 겪는 모든 어려움을 겪으면서, 동시에 하나님을 따르고 대안적인 삶을 추구하느라 생기는 불편까지 감수합니다. 하나님을 믿으면 만사형통이라고 하는데 반만 맞는 말입니다. 하나님을 통해 인생의 원리를 배우고 적용해서 삶의 여러 영역에서 열매를 맺을 수 있습니다. 하지만 함께 기억해야 할 말씀이 있습니다. 바울 사도는 "우리가 하나님 나라에 들어가려면, 반드시 많은 환난을 겪어야 합니다"라고 했습니다(사도행전 14:22). 베드로 사도의 편지를 받았던 1세기 성도들이 얼마나 어렵게 살았을지는 상상하기조차 힘듭니다. 그럼에도 베드로 사도는 그들에게 "찬양을 드립시다"라고 하며 편지를 시작합니다. 그들이 "택하심을 입은 자들", "거듭난 자들"이었기 때문입니다. 베드로 사도는 단순히

'죽으면 천국 간다'라고 강조하는 대신에, 이미 거듭난 그들이 누리는 복이 무엇인지를 짧은 구절에 압축해서 전합니다.

　우리에게는 죽은 소망이 아니라 산 소망이 있습니다. 우리를 위해 하늘에 간직된 유산은 세상의 것과는 그 성격이 완전히 다릅니다. 그리고 하나님은 우리를 마지막 날까지 불안정한 세상에서 보호해 주십니다. 비록 고난을 피할 수는 없으나 그 고난이 오히려 우리를 온전하게 만들어 줍니다. 더욱 감사한 것은, 우리 믿음의 분투와 노력을 그분이 알아주신다는 것입니다. 거듭남이 선물하는 놀라운 다섯 가지 복으로 인해 우리는 베드로 사도와 초대교회 성도와 함께 하나님께 찬양을 드립니다. 우리가 드리는 예배는 바로 이런 맥락에서 '임시체류자들의 하늘 잔치'입니다. 거듭난 자들만이 누릴 수 있는 이 놀라운 복들을 기억하고, 자기 것으로 받아들이고, 그 복을 주신 하나님을 찬양합니다. 이것이 우리 예배의 본질입니다. 그 하늘 잔치가 깊어질수록 세상에 잠시 머무르며 살아가는 우리의 뿌리도 더욱 깊게 내릴 것입니다. 거듭남에 속한 복에, 그리고 그 복을 주신 하나님에게.

3.

일생의 감격 [1:8-12]

최근에 숨이 턱 막힐 정도로 감격한 적 있나요? 우리는 대자연의 위용 앞에서도 감격하고, 인간이 창조한 예술 작품이 너무 아름다워서 압도될 때도, 사람과 사람이 연결되어 환희를 느낄 때도 감격합니다. 최근은 아니어도 살면서 숨이 막힐 정도로 감격했던 때가 언제였나요?

가슴 깊이 차오르는 감격을 경험하기 어려워져서인지, 세상은 순간의 즐거움과 재미로 가득 차 있습니다. 재미 자체를 깎아내리는 것은 아니지만, 낄낄거릴 만한 얄팍한 재미는 여기저기 넘쳐나나, 마음 깊숙이 와닿는 감격은 점점 더 희귀해지고 있습니다. 우리 눈과 귀를 즐겁게 하는 온라인 콘텐츠는 갈수록 더 짧은 시간에 우리를 사로잡습니다. 짤, 쇼츠, 릴스 등으로 진화하며, 우리를 한없이 가벼운 재미의 늪으로 끌어당깁니다. 어쩌면 이런 재미라도 있어야 힘겨운 인생을 살아갈 수 있을 것만 같습니다. 유튜브와 각종 OTT(온라인 동영상 서비스)에는 시간을 보낼 만한 재밌는 콘텐츠가 넘쳐나고, 맛집과 쉬거나 놀 만한 곳도 쉽게 찾을 수 있습니다. 이런 재미를 극대화하는 다양한 산업에 천문학적 비용이 지출되고 있습니다. 경제 대국이 된 한국 사회에는 재밋거리가 넘쳐나지만, 동시에 여러 사회 문제로 인한 상대적 박탈감과 불안, 냉소 또한 넘실댑니다.

감격은 사라지고

그리스도인들의 상황은 좀 더 복잡합니다. 평범한 사람으로 세상에서 살아 남기도 어려운데, 동시에 세상에 속하지 않는 '임시체류자'로 살아야 하는 이중의 도전에 직면해 있습니다. 이런 어려움 때문인지, 적지 않은 그리스도인이 여느 사람들과 마찬가지로 단순한 재미를 추구하고는 합니다. 물론 재미를 추구하는 것 자체가 문제는 아닙니다. 그러나 재미와 감격의 차이를 이해하는 것은 중요합니다. 재미가 순간의 즐거움을 준다면, 감격은 그 영향이 더 오래 지속됩니다. 재미가 표면적이라면, 감격은 우리 마음 깊숙한 곳에서 일어나는 파장과 같습니다. 재미는 잠시 인생의 어려움을 잊게 해 주지만, 감격은 어려운 인생을 살아갈 힘과 지혜를 제공합니다. 그리스도인이야말로 이러한 감격을 더 깊이 누릴 수 있습니다. 하지만 안타깝게도 많은 그리스도인이 그 감격을 제대로 알지 못하고 그래서 누리지도 못합니다. 그 결과, 세상 사람들과 별반 다르지 않게 피상적인 재미를 쫓으며 살아갑니다.

발달심리학자들은 아이가 인격적으로 성장하는 데는 부모의 감탄과 칭찬이 결정적 역할을 한다고 말합니다. 감격에 찬 부모의 표정과 감탄하는 소리를 들으며 아이는 사랑을 느끼고, 다른 사람과의 관계를 배우기 시작합니다. 이러한 경험이 부족한 아이는 사랑과 인격적 관계에 평생 갈증을 느끼며 불안하게 살 수 있습니다. 아이들은 부모의 칭찬에 반응하며 성장하고, 세상의 신비롭고 아름다운 것들에 감탄하면서 정서와 인지 능력이 함께 발달하도록 지어졌습니다. 청소년기 이후에도 다양한 경험을 쌓으며 그 안에서 감탄하며 삶의 의미를 찾아갑니다. 정말이지 감탄하는 능력을 잃어버린 사람은 살아 있는 시체 같다고 할 수 있습니다. 인간은 감탄하며 성장하는 존재입니다.

그리스도인의 삶은 세상 사람들이 경험할 수 없는 특별한 감격으로 가득합니다. 우리는 하나님으로 인해 세상이 주지 못하는 놀라운 기쁨을 누리고 있기 때문입니다. 앞서 베드로 사도는 우리에게 주어진 거듭남이 얼마나 놀라운 복인지를 강조하며, 그 거듭남이라는 종합선물세트 속에 담긴 다섯 가지 선물을 단숨에 내리 설명했습니다.

산 소망, 영원한 유산, 한결같은 보호, 믿음의 단련, 온전한 인정

힘겨운 세상살이에 지친 우리는 끊임없이 질문합니다. 베드로 사도는 거듭남이라는 놀라운 종합선물세트를 보여주며 그 질문에 이렇게 답합니다. "걱정하지 말아요. 거듭남에 담긴 것들을 봐요. 이렇게나 놀라운 선물이 가득합니다!" 성경을 깊이 탐구하며 그 선물들을 발견할 때마다 저도 감격하게 되는데, 그 놀라운 선물을 직접 깊이 누렸던 베드로 사도의 감격은 얼마나 컸을까요. 그는 당시 초대교회 성도들이 느꼈던 감격을 다음처럼 생생하게 묘사합니다.

8 그를 여러분은 본 적이 없음에도 사랑합니다. 지금도 그를 보지 못하나 여러분은 믿으며 말로 다 표현할 수 없는 기쁨과 영광으로 크게 즐거워하니 **9** 이는 여러분의 믿음의 목표 곧 영혼의 구원을 받고 있기 때문입니다. **10** 이 구원에 대하여 여러분을 위한 은혜에 대해 예언했던 예언자들이 조사하고 자세히 살펴서 **11** 누구인지 또는 어느 때[1]인지를 그들이 연구할 때, 그들 안에 계신 그리스도의 영이 밝혀 주셔서 그리스도가 받으실 고난과 그 이후의 영광을 미리 증언해 주셨습니다. **12** 이 일들은 자신들을 위해서가 아니라 여러분을 위하여 섬겼음이 그들에게 계시되었고, 이 일들은 하늘로부터 보내주신 성령에 힘입어[2] 여러분에게 복음을 전한 사람들에 의해 이제 여러분에게 선포된 것이고, 이 일들[3]은 천사들도 간절히 보고 싶어 하는 것입니다.

---

1 εἰς τίνα ἢ ποῖον καιρὸν는 번역하기 까다로운 표현으로 영어 성경도 조금씩 다르게 번역한다. 개역개정은 "누구를 또는 어떠한 때를"로, 개역한글은 "어느 시, 어떠한 때를"로 번역했다. 전자는 사람으로 후자는 시간으로 보는 편(NASB, NRS)이 적절하다.

2 직역하면 "성령에 의해"이며, 이 전치사구는 "여러분에게 복음을 전한 사람들에 의해"와 함께 "이제 여러분에게 선포된 것이고"를 꾸민다.

3 "이 일들"이라고 세 번 강조한 헬라어 원문을 따라서 번역했다.

거듭난 후 찾아오는

성경을 처음 읽을 때는 주로 내용을 이해하려고 집중하지만, 깊이 묵상하고 연구할수록 행간에 숨어 있는 저자의 마음과 정서가 느껴집니다. 방금 본 구절 곳곳에도 베드로 사도의 감격과 감탄이 진하게 배어 있습니다. 베드로 사도는 예수님을 직접 만나 보지 못한 이들이 사도들의 메시지를 듣고 신앙을 고백하는 모습을 보며 크게 감격합니다. 그는 이 놀라운 구원이 얼마나 오랜 세월 동안 기다려 온 것인지를 밝히면서, 그 약속이 지금 성취되고 있음에 흥분을 감추지 못합니다.

사랑하고 사랑받는다

베드로 사도가 예수님에게 감격하는 일은 어쩌면 당연합니다. 첫 만남부터 특별했고 그 후로도 계속 동고동락했습니다. 더군다나 예수님은 자신을 배신한 베드로 사도를 다시 찾으셔서 회복시키셨고, 하나님나라 사역에 동참시켰습니다. 이런 예수님을 베드로 사도가 어찌 사랑하지 않을 수 있을까요. 베드로 사도는 예수님에게 감격할 수밖에 없었습니다. 하지만 소아시아에 흩어져 사는, 하나님의 택하심을 받은 이들은 예수님을 본 적이 없습니다. 그런데도 예수님을 사랑하고 믿으며, "말로 다 표현할 수 없는 기쁨과 영광으로 즐거워하"고 있습니다. 그래서 베드로 사도의 감격은 이중적입니다. 한 측면은 예수님으로 인해 자신이 누리고 있는 놀라운 선물에 대한 감격이고, 다른 측면은 자신과 달리 예수님을 직접 보지 못했음에도 같은 기쁨과 영광을 누리고 있는 사람들에 대한 감격입니다.

이처럼 소아시아의 그리스도인들은 예수님을 사랑했습니다. 기독교 영성의 핵심은 '하나님을 사랑하기'입니다. 구약성경부터 신약성경에 이르기까지 하나님은 인간에게 일관되게 하나님을 사랑하라고 요청하십니다. 스스로 완전하신 하나님, 다른 존재에게서 그 어떤 것도 받을 필요가 없는 분께서 왜 인간의 사랑을 원하셨을까요? 그분은 무한한 우주 속 먼지 같은 '나'에게 사랑을 요구하십니다. 하나님이 자신에게는 필요도 없는 사랑을, 그저 자기 욕심을 채우려고 요구하셨을까요? 우리가 믿는 하나님이 그런 분이실까요? 아닙니다! 하나님을 사랑하는 것만이 우리가 자신의 존엄성과 가치를 누릴 수 있는 길이기 때문입니다. 인간은 사랑하도록 창조되었으며, 하나님을 진정으로 사랑하는 경험을 통해 자신과 이웃, 그리고 세상 모든 것을 올바르게 사랑할 수 있습니다.

많은 그리스도인이 교리, 역사, 성경 해석 등을 놓고 열정적으로 논쟁합니다. 목회자들은 교회를 제대로 세우고 부흥시키기 위해 밤낮 없이 고민합니다. 하지만 하나님을 사랑하는 마음과 모습이 없다면, 그저 빈 껍데기에 불과합니다. 모든 노력이 빛을 잃어버리고 주객은 전도되고 맙니다. 하나님을 사랑하기 때문에 교리, 역사, 성경 해석, 교회 세우기, 부흥 등에 우리는 마음을 쏟습니다. 그런데 바울 사도가 "그리스도의 사랑의 너비와 길이와 높이와 깊이"를 깨닫게 해 달라고 기도했던 것(에베소서 3:18-19)과 달리 우리는 하나님 사랑을 제쳐 둔 채 신학을 논하고 교회 사역에 몰두할 때가 종종 있습니다. 그런 곳에는 시기, 질투, 분쟁, 분열이 쉽게 일어납니다. 하나님 사랑이 부족하면 서로 사랑하기 어렵고, 결국 모든 노력은 물거품에 불과합니다.

초대교회 성도들은 예수님을 직접 만나지 못했음에도 그분을 사랑했습니다. 베드로 사도는 이들의 사랑의 근원을 명확히 하고자, 거듭남과 함께 오는 선물들을 앞서 설명했습니다. 이 모든 선물의 중심에는 추상적이고 모호한 하나님이 아니라, 역사 속에 오셔서 사랑으로 살아 내시고 죽으시고 부활하신 예수 그리스도가 계십니다. 하나님이 크신 자비로 우리를 거듭나게 하시며 다섯 가지 선물을 주셨는데, 그 자비가 우리에게 이르도록 자신을 내어주신 분이 바로 예수 그리스도입니다. 예수 그리스도 없이는 하나님의 자비를 누릴 길이 없습니다. 산 소망은 그리스도의 부활로 말미암아 주어졌고(3절), 영원한 유산은 그리스도와 우리가 함께 상속할 것입니다(4절). 또한 시련 가운데 하나님이 우리를 단련시켜 우리 존재 자체가 변화하는 때는 예수 그리스도가 나타나실 때입니다(6절). 우리는 모두 예수님으로 인해 하나님을 알게 되었고, 구원을 얻었으며, 주님이 다시 오실 때까지 우리의 구원은 성장할 것입니다. 우리는 모두 부족한 존재이지만 예수님으로 인해 이 다섯 가지 선물을 누리고 있습니다. 그리스도가 우리를 위해 하신 일과 하실 일을 더 깊이 알아 갈수록, 우리는 예수를 더욱 사랑하게 됩니다.

초대교회 성도들은 예수님을 직접 보지 못했으나 그분을 믿었습니다. 믿음은 모든 것을 완벽히 이해하고 나서 생기는 것이 아닙니다. 물론 하나님이 하신 일에 대한 기본적인 이해는 필요하지만, 그 이해만으로 믿음이 생기지는 않습니다. 하나님은 눈에 보이지 않으시고 인간의 지성으로 완전히 파악할 수 없는 분이기 때문입니다. 우리는 하나님이 성경과 예수님의 가르침을 통해 알려 주신 이야기를 듣고 그만큼 이해할 뿐입니다. 또한 여전히 우리는 예수님을 직접 보지 못합니다. 따라서 우리는 하나님이 인류 역사 속에서 일하신 이야기를 우리의 오감을 통해 체험하거나 지적 능력에 의존해 믿는 것이 아닙니다. 대신, 우리는 하나님의 역사 속 행위와 그분 자신에 대한 설명을 믿는 것입니다. 그래서 바울 사도는 "우리는 믿음으로 살아가지, 보는 것으로 살아가지 아니합니다"(고린도후서 5:7)라고 말합니다. 우리도 초대교회 성도들처럼 아직 예수를 보지 못했지만 그분을 믿고 따릅니다!

초대교회 성도들은 예수님을 사랑하고 믿으며, "말로 다 표현할 수 없는 기쁨"으로 즐거워했습니다. 처음 하나님의 은혜를 경험했을 때, 다 이해하기 어려울 정도로 거대한 사랑이라서 완전히 압도된 적 있으신가요? 하나님이 저를 살리기 위해 죽으셨다는 사실은 인간의 이성으로는 도저히 이해할 수 없는 놀라운 사건입니다. 도대체 제가 무엇이기에 하나님이 그토록 큰 사랑을 베푸셨을까요? 허접한 세상의 것들을 추구하고 살 뻔한 저를 부르셔서, 보이지 않는 하나님을 믿게 하시고, 그 하나님을 중심으로 세상을 다시 보게 하시니 그 은혜는 측량할 수가 없습니다. 한밤중에 문득 깨어 휘영청 떠 있는 달을 바라본 적 있습니다. 그때 '나 혼자 살고 있구나' 하는 허무와 두려움 대신에 '저 아름다운 달을 지으신 하나님이 내 아버지가 되셨구나'라는 사실을 깨닫고는 깊은 안도와 감사를 느꼈습니다. '무한한 우주 속에서 의미 없는 먼지 같았던 제가 하나님을 사랑하게 되다니…' 말할 수 없는 기쁨이 차올랐습니다.

"말로 다 표현할 수 없는" 다음에 이어지는 "기쁨과 영광으로 크게 즐거워하니"라는 표현은 우리말로 옮기기가 다소 까다롭습니다. 현재완료 수동태라서 굳이 직역하면 "영광스러워지는 기쁨"이라는 뜻입니다. 무슨 뜻일까요? '하나님이 예수 그리스도 안에서 우리를 영광스럽게 하신 일로 인한 기쁨', 또는 '예수 그리스도 안에서 발견되는, 예수 그리스도께서 영광스럽게 해주신 그 놀라운 기쁨' 정도로 해석할 수 있습니다. 이 땅의 일시적이고 피상적인 것들이 아니라 그 이상의 것을 사모하는 기쁨을 뜻합니다. 우리가 원래는 허무한 세상에서 별 의미 없이 살 수밖에 없었던 존재였음을 인식하고, 그런 우리가 예수님을 통해 영광스럽게 되었음을 깨달으면, 세상이 줄 수 없는 깊고 진정한 기쁨이 찾아옵니다.

삶이 점점 온전해진다

초대교회 성도들이 예수를 믿고 즐거워하고 사랑하는 이유를 베드로 사도는 9절에서 명확히 밝힙니다. 그들은 믿음의 목표인 "영혼의 구원을 받고 있기 때문"입니다. 여기서 구원은 현재진행형으로 표현되는데, 2장에서 살펴본 '구원의 삼중 시제' 중에서 현재성을 강조한 구절입니다. 현재 이 순간에 영혼의 구원을 받고 있어서 즐거워한다는 것은, 우리의 전인격, 우리의 전 존재가 하나님을 닮아 가고 있어서 기뻐한다는 뜻입니다. 우리가 하늘에 계신 아버지처럼 온전해지는 과정이 우리 인생입니다.[4] 만약 그리스도가 계시지 않았다면 우리는 하나님을 알 수 없었고, 하나님을 알지 못했다면 깨진 인격으로 살 수밖에 없었을 것입니다. 하지만 그리스도를 통해 우리의 전 인격이 모든 영역에서 회복되고 성장해 가는 것은[5] 참으로 감격스러운 일입니다.

---

[4] 온전해지는 것은 신약성경의 중요한 구원론적 목표이다. 이에 대해서는 《제자훈련, 기독교의 생존방식》(비아토르) 9장에서 더 자세히 확인할 수 있다.

[5] 삶의 모든 영역, 곧 네 가지 관계에서 균형 있게 성장하도록 도와주는 제자훈련 안내서에 관심이 있다면 《풍성한 삶의 기초》(비아토르)를 권한다.

우리가 거듭났을 때 이미 받은 구원(3절)은 마지막 날에 나타나기로 약속된 구원(5절)에 이를 때까지, 현재에도 생명력 있게 우리 속에서 형성되고 있습니다(9절). 이 모든 과정의 중심에 예수 그리스도께서 계십니다.

우리의 기쁨과 감격은 어디서 오나요? 세상이 제공하는 수많은 재미는 결국 일시적이며 곧 사라질 것들입니다. 그에 반해, 하나님이 우리를 이끄셔서 하나님을 닮아 가게 하신다는 것, 곧 우리의 구원이 점점 완성되고 있다는 그 사실은 영원히 지속되는 기쁨의 원천입니다. 나이가 들수록 '예수님을 일찍 만나지 못했으면 어땠을까'라는 생각을 합니다. 구원이 점점 이루어지고 있다는 기쁨을 모르고 살았다면, 나이 듦이 얼마나 덧없고 낙심이 되었을까요. 나이를 먹어 가는 기쁨 중 하나는 바로 이것입니다. 내 안에서 구원이 완성되고 있고, 여전히 부족하나 그래도 젊을 때보다는 조금 더 하나님을 닮아 가고 있음을 발견하는 것입니다.

베드로 사도가 초대교회 성도들을 관찰하고는 감격해서 묘사한 이 표현들이 혹시라도 남 이야기처럼 들린다면, 자신의 영적 상태를 진지하게 돌아보아야 합니다. 기독교의 진리를 지적으로 이해하고 철학적으로 깊이 공부해서, 그리스도인의 삶이 무엇인지를 인문학적 관점에서, 또 사회과학적 관점에서 논할 수 있다 하더라도, 감격에 찬 고백이 부족하다면 가장 중요한 것을 놓치고 있는 것입니다. 하나님은 우리의 지적 이해를 넘어서는 분이십니다. 하나님이 우리를 택하시고 거듭나게 하신 그 사실을 인격적으로 받아들이면, 우리 마음에는 자연스럽게 그분을 향한 사랑과 감격이 솟아오릅니다. 기독교 신앙은 하나님을 향한 감탄이며, 그분의 사랑에 터져 나오는 감격입니다. 그 감격과 사랑이 점점 깊어지는 것, 그것이야말로 이 땅에서 '임시체류자'로 살아가는 우리의 특권입니다.

참 오래 기다린 끝에

우리의 감격과 사랑을 불러일으키는 이 구원은 우연히 찾아온 것이 아닙니다. 하나님이 아주 오랜 기간 준비한 선물입니다. 베드로 사도는 오래전부터 예언자들이 이 구원을 연구해 왔다고 강조합니다. 우리나라 그리스도인들은 샤머니즘의 영향 때문인지 예언자 하면 점쟁이를 떠올립니다. 성경의 예언자는 점쟁이처럼 앞으로 일어날 일을 점치는 사람이 아닙니다. 그들은 하나님이 이미 하셨고 지금도 하고 계시며 앞으로도 하실 일을 연구해서 하나님에게 받았고 받고 있으며 받을 은혜가 무엇인지를 알려 주는 사람입니다. 그러므로 목회자의 설교도 일종의 예언입니다. 하나님이 하신 일과 주신 은혜를 설명하고 앞으로 누릴 복을 선포하면, 성경이 말하는 예언을 하는 것입니다.

구약 시대 예언자들은 하나님이 소아시아에 흩어진 임시체류자들에게 주기 원하셨던 은혜, 더 나아가 예수님의 죽음과 부활

이후의 모든 사람에게 주고 싶으셨던 그 은혜를 오래전부터 연구했습니다. 베드로 사도는 "조사하고 살펴서…연구"했다고 적었는데, 동어 반복이라고 해도 좋을 만큼 표현이 비슷비슷합니다. 용례가 많지 않아서 각 단어가 얼마나 다른지 정확히 알 수는 없으나, 분명한 사실은 예언자들이 각고의 노력을 다해 하나님의 구원과 은혜가 무엇인지를 파악하고자 애썼습니다. 그들은 깨진 세상에서 별 의미 없이 살아가는 수많은 사람에게 하나님의 은혜가 언제 어떻게 임할지를 조사하고 연구했습니다. 하지만 인간의 지적 능력에는 한계가 있으므로 "그들 안에 계신 그리스도의 영이 밝혀 주셔서"(11절), 다시 말해 그들 안에 계신 성령의 인도를 받아 조사하고 공부하고 연구했습니다. 그러고는 마침내 그리스도의 죽음과 부활의 영광을 발견했습니다. 이스라엘 역사 속 수많은 예언자가 하나님이 언제 어떻게 인류에게 구원을 베푸실지를 성령의 도움을 받아 자세히 살핀 끝에, 그리스도께서 오셔서 고난과 영광을 받으신다는 사실을 찾아낸 것입니다.

  이스라엘 민족은 이 구원을 간절히 기다렸습니다. 일제강점기 때 우리 민족이 독립을 밤낮없이 바랐던 것과 같습니다. 일제강점기 36년 동안에도 독립의 소망을 잃은 사람이 많았는데, 몇백 년이 지나도록 하나님의 약속이 성취되기를 기다린 그들은 어땠을까요? 우리가 지금 누리고 있는 하나님의 구원, 이 선물은 단순히 한 개인을 위한 것이 아니었습니다. 수천 년간 수많은 사람이 기다렸고, 하나님의 아들인 예수께서 오셔서 죽으시고 부활하심으로 마침내 도착한 놀라운 선물입니다. 그토록 오래 기다린 선물이 마침내 도착했음을 깨달은 임시체류자들의 감격이 얼마나 크고 뜨거웠을까요.

우리까지 찾아오다니

더욱 놀라운 사실은 예언자들이 자신들을 위해서가 아니라 "여러분을 위하여", 소아시아에 흩어진 임시체류자들을 위해, 곧 우리를 위해 하나님의 구원을 조사하고 연구했다는 것입니다(12절). 그리고 그 구원은 "하늘에서 보내 주신 성령에 힘입어서" "복음을 전한 사람들에 의해" 우리에게까지 전해졌습니다. 오랫동안 기다린 선물일 뿐만 아니라 우리에게까지 전달된 선물입니다. 하나님의 구원은 복음을 전한 사람들을 통해 성령으로 말미암아 전해졌습니다. 복음을 전한 이들은 때로는 생명의 위협까지 받았고 수많은 고초를 당했습니다. 그래서 이 선물이 얼마나 놀라운 것인지가 12절 끝부분에 나옵니다. "이 일들은 천사들도 간절히 보고 싶어 하는 것입니다." '간절히 보고 싶다'라는 표현은 '구부려서 내다보기를 욕망하다'라는 뜻입니다. 천사들조차 '깨진 세상에 살면서 망가진 인류가 어떻게 회복될까?', 특히 '그리스도를 통해서 어떻게 회복될까?' 하는 기대를 품고 내려다보고 있다고 합니다.

하나님의 구원, 우리가 받은 이 선물이 얼마나 대단한 것인지요. 임시체류자에 불과한 그리스도인들이 가슴을 펴고 당당하게 살 수 있는 이유가 이 때문입니다. 우리가 받은 구원은 깨지고 상한 세상을 회복하기 위해 하나님이 오래전부터 계획한 것이며, 예언자들이 조사하고 살펴서 미리 알렸던 것이며, 수많은 이들이 목숨을 아끼지 않고 전한 것이며, 지금도 천사들이 기대를 품고 바라보고 있는 것입니다. 그 구원은 우리 안에서 이루어져 가고 있는 실체입니다. 초대교회 성도들도 그 구원을 누리며 예수 그리스도께서 다시 오시기를 기다렸으며, 그분을 직접 보지 못했어도 사랑하고 믿으며 즐거워했습니다.

거듭난 사람의 역사의식

베드로 사도는 초대교회 성도들이 자신들을 거듭나게 하신 하나님을 사랑하며 자신들 안에서 온전해지는 구원을 누리고 있다며 감탄합니다. 더 나아가 그들이 누리는 그 복이 오랫동안 기다려 온 것이며, 복음을 전하는 이들과 성령의 합동 작전으로 그들에게까지 전달되었다고 말합니다. 우리는 그 구절에서 베드로 사도의 독특한 역사의식을 발견합니다. 10-12절에 집중해 봅시다.

10 이 구원에 대하여 여러분을 위한 은혜에 대해 예언했던 예언자들이 조사하고 자세히 살펴서 **11** 누구인지 또는 어느 때인지를 그들이 연구할 때, 그들 안에 계신 그리스도의 영이 밝혀 주셔서 그리스도가 받으실 고난과 그 이후의 영광을 미리 증언해 주셨습니다. **12** 이 일들을 자신들을 위해서가 아니라 여러분을 위하여 섬겼음이 그들에게 계시되었고, 이 일들은 하늘로부터 보내 주신 성령에 힘입어 여러분에게 복음을 전한 사람들에 의해 이제 여러분에게 선포된 것이고, 이 일들은 천사들도 간절히 보고 싶어 하는 것입니다.

하나님이 인간의 시간 속으로

현시대는 끊임없이 자신에게 집중하라고 말합니다. 자기 관심사가 가장 중요하고, 자신의 재미, 쾌락, 의미, 성취에 함몰하게 만듭니다. 역사가 어디로 흘러가든, 심지어 지구가 종말을 향해 가든 당장 자신에게 이익이 되는 것이 가장 중요한 세상입니다. 그런데 아이러니하게도 자기 행복을 찾는 데 몰두할수록 그 행복에 이르지 못합니다. 우리에게 행복을 주는 것들의 유효기간이 매우 짧은 줄 우리는 경험을 통해 알고 있습니다. 그래서 더 움켜쥐려고 하고, 그럴수록 '남의 떡'이 더 커 보입니다. 인간은 절대 만족을 모릅니다. 더군다나 의미를 상실한 행복 추구만으로는 인간의 허기를 채울 수 없습니다.

인간이 그 허기를 지우고 자기 존재의 의미를 찾으려면 자기보다 더 큰 무엇과 연관 지어서 자신을 해석해야 합니다. 자기보다 못한 존재나 자기 안에서는 참된 의미를 발견하지 못합니다. 왜냐하면 우리는 스스로 존재하는 자가 아니라 '존재하게 된 자'로 지어졌기 때문입니다. 존재하게 된 자로서 자기 이야기를 쓰려면, 자기보다 더 큰 이야기와 연결되어야 합니다. 그럴 때 인생의 의미도 드러나고 인생의 재미도 같이 찾아옵니다. 성경이 증언하는 하나님은 세상에서 가장 큰 이야기의 주인공이십니다. 세상을 지으셨고 놀라운 꿈을 품으셨습니다. 그리고 인간의 반역에도 불구하고 불굴의 의지로 그 꿈을 지금도 이루고 계십니다. 깨진 세상을 회복하려고 자기 아들을 보내셨고, 새로운 공동체를 세우셔서 세상을 실제로 회복하고 계시며, 마지막 날까지 인간에게 돌이킬 기회를 주십니다. 마지막 심판을 유예하시다가 인류 역사의 끝 날에 마침내 심판하시고 '새 하늘과 새 땅'을 여십니다. 우리 개인이 구원받은 것은 하나님이 인류 역사 속으로 들어오셔서 창조세계 전체를 위해 일하시는 큰 이야기와 그 꿈을 이루어 가시는 열심 때문입니다.

더욱 놀라운 사실은 하나님이 우리에게 자신이 어떤 존재인지, 무슨 일을 하고 있는지를 알려 주신다는 것입니다. 10-12절에 나오는 동사를 살펴봅시다. "예언하다"(10절), "밝히다"(11절), "계시하다"(12절)라는 단어가 나옵니다. 성경의 하나님은 자기 자신과 자기 뜻을 인간에게 알려 주십니다. 하나님이 인간의 역사 속에서 어떻게 일하시는지, 인간과 어떻게 상호작용을 하면서 큰 이야기를 쓰고 계신지를 알려 주십니다. 많은 사람이 신은 없다고 합니다. 만에 하나 있다고 해도 인간 세상에 더는 개입하지 않는다고 말합니다. 하지만 성경은 하나님이 존재하실 뿐 아니라, 인간의 역사에 개입하시고, 심지어 그 사실을 우리에게 알려 주신다고 합니다. 그 하나님을 믿고 알아 가면 알아 갈수록 하나님의 거대한 이야기에 눈이 열리고 독특한 역사의식이 생깁니다.

예수라는 새로운 계획

하나님이 인류 역사에 개입하신 일의 절정은 예수 그리스도 사건입니다. 그 사건의 중심에 그리스도가 계십니다. 구약성경은 깨지고 상한 세상을 하나님이 어떻게 회복하시는지에 관한 이야기를 담고 있습니다. 하나님은 깨진 세상을 회복하려고 믿음의 사람 아브라함을 부르시고, 그를 통해 이스라엘 민족을 세웁니다. 이집트의 압제 아래 있던 이스라엘을 하나님이 직접 개입해 구출하시고, 하나님이 주도하신 거룩한 전쟁으로 가나안의 타락한 문화를 심판하신 후에 그 땅에 이스라엘 민족을 정착시킵니다. 하나님의 계획은 이스라엘을 통해 모든 민족에게 자신을 나타내는 것이었습니다. 그러나 이스라엘은 교만해져서 하나님의 꿈을 짓밟습니다. 하나님은 이스라엘 안팎의 여러 사건과 예언자를 통해 끊임없이 그들의 회개를 촉구했으나 이스라엘은 계속해서 이를 거부합니다. 결국 하나님은 분열된 이스라엘을 심판하십니다. 북이스라엘은 주전 722년에 앗시리아에 의해, 남유다는 주전 587년에 바빌로니아에 의해 각각 멸망합니다.

옛 이스라엘은 하나님의 뜻을 외면하고 그분의 거대한 계획을 좌절시켰으나, 그럼에도 하나님은 포기하지 않으셨습니다. 그분은 당신의 종을 보내어 세상을 심판하고 회복하실 새로운 계획을 세우십니다. 그 심판과 회복의 중심에는 메시아, 곧 그리스도가 계십니다. 하나님은 그리스도를 통해 새로운 이스라엘을 일으키려고 합니다. 신약성경은 그 새로운 계획이 어떻게 전개되는지를 보여 줍니다. 메시아 예수의 족보로 시작해서(마태복음 1장), 만물의 주인이신 예수의 재림을 기다리는 것으로 끝납니다(요한계시록). 하나님은 지금도 그 거대한 이야기를 계속 써 나가고 계시며, 그 중심에는 언제나 예수 그리스도가 계십니다. 여기서 우리가 주목할 점은, 하나님이 그 놀라운 이야기를 사람들이 알아보기 어렵게 숨기거나 감추지 않으신다는 것입니다. 오히려 그분은 우리가 이해할 수 있는 언어로 직접 말씀하십니다.

그래서 예언자들은 구약성경을 "조사하고 자세히 살펴서"(10절) 앞으로 오실 메시아가 누구이며 언제 오시는지를 "연구"했습니다(11절). 이러한 노력을 통해 "그리스도의 영", 곧 성령께서 그들에게 "그리스도가 받으실 고난과 그 이후의 영광을 미리 증언해 주셨습니다"(11절). 하나님이 인류 역사에 개입한 이야기가 구약성경 전반에 흐르고 있으나 그 개입의 정점은 예수 그리스도이십니다. 그는 고난을 통해 영광에 이르셨습니다. 하나님이 자기 아들을 이 땅에 보내신 것도 놀라운데, 그가 인류를 위해 죽으셨다는 사실은 더욱 놀랍습니다. 하나님은 이렇게 예수 그리스도를 통해 인간의 역사 속에 직접 개입하셨습니다. 이는 하나님이 예수 그리스도를 통해 인간의 역사 속에서 큰 소리로 말씀하신 것입니다. 인류 역사에서 가장 중요한 사건입니다.

현대 사회는 끊임없이 개인이 중요하다고 강조하지만, 인간은 본질적으로 연결되어 있습니다. 코로나19 대유행은 지구상의 모든 인간이 얼마나 긴밀하게 연결되어 있는지를 극명하게 보여 주었습니다. 전 세계의 협력 없이는 이 위기를 극복하기가 어려웠을 것입니다. 이러한 연결은 동시대인에게만 국한되지 않습니다. 역사의식을 통해 우리는 과거와 미래 사람들과도 연결될 수 있습니다. 이것이 바로 진정한 역사의식입니다. 하나님은 깨지고 상한 세상을 회복하려는 거대한 역사를 지금도 이끌고 계십니다. 그 정점에는 그리스도가 계시며, 하나님은 이 위대한 역사에 동참하라고 우리를 초대하십니다. 우리에게 중요한 것은 그 흐름 속에 있는 자신을 발견하는 것입니다. 그리스도인의 신앙은 결코 개인적 영역에만 머무를 수 없습니다. 하나님의 큰 이야기를 파악하는 역사적 시각을 가질 때 우리는 온전한 신앙에 다가설 수 있습니다.

이제는 우리가 하나님의 시간 속으로

하나님의 장대한 역사의 중심에 계신 그리스도를 통해 우리는 하나님을 알고, 사랑하며, 예배하게 되었습니다. 놀랍게도 그리스도에 관한 소식은 구약 시대 예언자들의 헌신적인 탐구와 연구를 통해 그들에게 계시되었지만, 그 소식은 궁극적으로 그들이 아니라 우리를 위한 것이었습니다. 더욱 놀라운 사실은, 그 계시를 밝혀 주신 그리스도의 영, 곧 성령께서 "복음을 전한 사람들"을 인도하시고 북돋우셔서 우리에게 이 기쁜 소식을 전하게 하셨다는 것입니다. 이로써 우리 또한 하나님의 위대한 구원 역사에 동참하도록 초대를 받았습니다.

베드로 사도의 편지에 '하나님나라'라는 단어가 직접 등장하지는 않습니다. 그러나 베드로 사도는 하나님나라의 이중 구조를 바탕으로 구원을 설명하며, 구원의 과거적 현재적 미래적 측면을 모두 다룹니다. 이 본문 역시 '하나님나라'를 명시적으로 언급하지는 않지만, 하나님나라가 이미 시작되었음을 감격에 차서 설명합니다. 우리의 구원은 메시아 예수의 오심으로 가능해졌습니다. 구약 시대 예언자들에게는 메시아가 누구이며 언제 오실지가 초미의 관심사였습니다. 그들은 희미하게나마 예수께서 고난을 겪고 영광 받으실 것을 예견했고, 실제로 그 메시아가 깨진 세상에, 인간의 역사 속으로 마침내 오셨습니다. 이제 새로운 시대The Age to Come가 시작되었습니다. 새로운 시대의 영이신 성령께서 일하기 시작하셨고, 성령의 도우심을 받은 이들이 이 편지의 수신자들에게까지 하나님나라의 복음을 선포했습니다. 하나님나라는 이미 그때 시작되었습니다. 이 놀라운 구원의 계획과 실현 과정은 천상의 천사들까지도 간절히 보고 싶어 하는 일이었습니다.

베드로 사도는 자신도 "성령에 힘입어 여러분에게 복음을 전한 사람" 중 하나라고 겸손하게 암시합니다. 그의 말에는 깊은 감동이 묻어납니다. 메시아 예수로 말미암아 절망에 빠졌던 인류가 구원의 길을 찾게 되었고, 이제 예수를 믿고 따르는 우리 모두가 위대한 그 이야기의 한 부분이 되었다는 사실에 그는 감격하고 있습니다. 그 감격이 얼마나 큰지, 베드로는 심지어 천상의 천사들까지도 이 일에 경탄하고 있다고 선언합니다. 오늘날 많은 그리스도인이 신앙생활에서 감격을 잃은 이유 중 하나는, 우리를 향한 하나님의 놀라운 소원과 그분의 거대한 구원 계획, 그리고 그 계획을 이루기 위해 불굴의 의지로 써내려 가고 계신 이야기의 한 부분이 바로 우리 자신이라는 사실을 깨닫지 못하기 때문입니다. 누군가에게 이 진리를 들었다 하더라도, 실제로 자신의 삶이 하나님의 위대한 서사의 일부가 되어 그 이야기가 쓰이고 있다는 사실을 마음 깊이 깨닫지 못하면, 참된 감격을 경험하기 어렵습니다. 한때 갈릴리의 보잘것없는 어부에 불과했던 베드로가 이토록 감격에 차 있는 이유는 바로 자신과 같은 미천한 인생이 하나님의 위대한 이야기의 한 부분이 되었다는 놀라운 깨달음 때문입니다. 베드로는 이 편지를 받는 모든 이들도 자

뿌리 깊이
하나님나라

신과 같은 감격을 누리기를 간절히 바라고 있습니다.

　이러한 감격에 찬 이들은, 성령과의 합동 작전으로 우리에게 전해진 복음을 이제 다른 이들에게도 전합니다. 우리 역시 성령의 도우심을 받아 이 기쁜 소식을 나누는 자가 됩니다. 이렇게 하나님 나라의 역사는 계속해서 쓰이고 있습니다! 하나님나라 복음을 전수하는 것이 하나님나라 운동의 핵심이라면, 받은 복음을 삶터와 일터에서 실천하는 것은 떼려야 뗄 수 없는, 필수적인 열매입니다. 복음을 받아들였다는 것은 이미 시작된 하나님나라의 백성이 되었다는 의미입니다. 우리는 하나님을 지워 버린 일터에서, 그분의 영향력을 본능적으로 거부하는 삶터에서 하나님나라 백성답게 살아가려고 애를 씁니다. 우리의 믿음은 반드시 행동으로 나타나기 때문입니다(믿음의 행위, 데살로니가전서 1:3). 우리같이 부족한 자들을 통해, 우리 일상을 통해 하나님나라가 어두운 세상에서 드러난다니, 얼마나 놀라운 일인가요. 거기다 천사들조차 우리를 통해 펼쳐지는 하나님나라의 역사를 바라보며 기뻐한다니, 이 본문은 우리로 하여금 그 장면을 즐겁게 상상하게 합니다. 우리는 지금 메시아 예수께서 시작하신 하나님나라를, 우리의 말과 삶을 통해 이 세상 가운데 실현해 나가는 중입니다! 이것이야말로 우리가 누릴 수 있는 가장 큰 특권이자 기쁨입니다.

이야기의 끝, 심판과 환희

이미 시작된 하나님나라를 발견하고 그 나라에서 살아가는 이들은 진정한 역사의식을 지닌 사람들입니다. 그들은 인류의 역사가 궁극적인 결말을 향해 나아가고 있음을 깨닫고 있습니다. 예수 그리스도가 다시 오실 때, 그동안 유예되었던 하나님의 정의가 마침내 실현될 것입니다. 마지막 심판이 이루어지고, 하나님은 온 세상을 완전히 회복하실 것입니다. 이러한 맥락에서 베드로 사도는 우리의 구원이 "마지막 때에 나타나기로 준비"되어 있다고 말합니다(5절). 또한 그는 이미 임한 하나님나라와 깨진 세상 사이에서 우리가 겪는 믿음의 연단은 "예수 그리스도가 나타나실 때에 찬양과 영광과 존귀로 드러날 것"이라고 확신합니다(7절). 이어지는 13절에서도 베드로 사도는 "예수 그리스도가 나타나실 때에 여러분에게 가져오실 은혜를 소망하십시오"라며 우리를 격려합니다. 이처럼 우리의 이야기는 하나님의 거대한 구원 역사의 대단원을 향해 나아가고 있습니다. 그 마지막에 우리는 우리 믿음의 열매와 온전한 회복과 측량할 수 없는 은혜를 경험할 것입니다. 하나님의 위대한 이야기가 완성되리라는 소망과 그로 인한 깊은 감격은 베드로 사도가 쓴 이 편지를 읽는 내내 이어집니다.

베드로 사도의 이 편지를 관통하는 핵심 주제 중 하나는 바로 종말론적 소망입니다. 우리가 기다리는 그날은 우리가 "복을 상속할 날"이며(3:9), 그로 인해 우리는 "생명을 사랑하고 좋은 날

보기를 원하는 자들로 삼니다"(3:10). 반면, 하나님이 유예한 마지막 심판 때까지 하나님을 거절한 이들은 "심판하실 준비를 마친 분께 답변해야 할 것입니다"(4:5). 우리에게 주어진 삶에는 당연히 책임이 따르며, 그중 가장 무거운 책임은 만물의 주인이신 하나님을 하나님으로 인정하고 살았는지에 달려 있습니다. 그 책임을 깊이 인식한 우리는 "만물의 마지막이 가까이 왔음"(4:7)을 깨닫고는, 이 세상에 살면서도 세상에 속하지 않고 깨어서 하나님나라에 속해 살아갑니다. 그 결과, 우리는 마침내 "그의 영광이 나타날 때 크게 즐거워하며 즐거워할 것입니다"(4:13). 우리는 또한 베드로 사도와 함께 환희에 차서 자신을 "앞으로 나타날 영광에 참여할 자로" 여기며(5:2), "목자장이 나타나실 때, 시들지 않을 면류관을 얻을 것"이라는 소망을 품습니다(5:4). 이 모든 일은 하나님이 우리를 "영원한 영광으로 부르셨"기 때문에 가능해졌습니다(5:10).

베드로 사도의 마음은 예수 그리스도를 다시 만날 날에 대한 소망으로 가득합니다. 그는 우리가 주님을 뵐 때 누릴 영광과 상속받을 유산을 생각하며 환희에 차 있습니다. 베드로 사도의 예배에는 다시 오실 주님, 거대한 구원 이야기를 완성하실 하나님, 그리고 이 일을 직접 수행하고 계신 성령님을 향한 감사와 감격과 뜨거운 기대가 흘러넘쳤을 것입니다. 종말론적 소망으로 충만한 노 사도의 모습을 상상하며, 우리 역시 그가 바라보는 영광스러운 미래에 함께할 것을 생각하면, 우리 마음도 기쁨과 설렘으로 가득 차게 됩니다. 이는 단순한 상상이 아니라, 우리의 믿음과 소망의 실체입니다. 진정한 역사의식을 지니고 하나님나라를 살아 내는 이들의 마지막 표지는 바로 이 '완성에 대한 소망'입니다.

예배자로 거듭나다

그리스도인의 가장 본질적인 정체성은 무엇일까요? 주일에 교회 가는 사람? 성경을 읽는 사람? 기도하는 사람? 다양한 교회 활동에 열심히 참여하는 사람? 이러한 특성 모두가 그리스도인을 나타내는 것이지만 부분적입니다. 그리스도인의 가장 근본적인 정체성은 바로 '예배자'입니다. 우리는 한때 어둠 속에서 길을 잃고, 세상 사람들처럼 자신을 인생의 중심에 두고 살았습니다. 그러나 하나님이 그런 우리를 부르셔서 그분과의 관계를 회복해 주셨습니다. 그 관계를 회복한 이들이 받은 가장 큰 복이자 특권은 바로 하나님을 예배하는 것입니다. 하나님께 나아가는 것입니다. 하나님을 뵙는 것입니다. 베드로 사도의 이 편지도 예배자로서의 정체성을 잘 보여 줍니다. 그가 편지를 "찬송을 드립시다"라고 시작한 것이나(5절), "본 적이 없음에도 사랑한다", "보지 못하나 믿는다", "말로 다 표현할 수 없는 즐거움과 영광으로 기뻐한다"라는(8절) 표현 모두 예배와 연관되어 있습니다. 특히 8절은 그리스도인을 묘사한 신약성경 구절 중에서 가장 아름다운 표현이라고 생각합니다. 기독교 영성의 본령을 담고 있어서입니다.

우리가 누리는 이 놀라운 복은 하나님의 거대한 구원 역사 속에서 이루어진 일입니다. 하늘의 천사들조차 흠모하여 들여다보고 싶어 하는 신비로운 일입니다. 베드로 사도의 편지에는 우리의 작은 인생을 놀라운 하나님의 이야기 속에 포함시키신 분을 향한 감격이 배어 있습니다. 이런 역사의식을 가지고 그 중심에서 계신 그리스도를 바라보며 흠모하는 것, 이것이 바로 예배입니다. 하나님을 깊이 알아 가는 이들은 예수 그리스도를 향한 감격을 억누를 수 없습니다. 그 감격이 우리 안에서 움트기 시작하면 우리는 예배자로 성장하게 됩니다. 한 번 이 감격을 맛본 사람은 그것을 누리는 법을 배우기 시작하고, 그 감격을 지속해서 누리는 이들은 예배에서 하나님나라 백성의 삶의 비결을 발견합니다. 이것이 기독교 영성의 정수입니다. 이렇게 깊어지는 예배에는 네 단계가 있습니다. 우리가 지금 네 단계 어디쯤 와 있는지 곰곰이 살펴보면 좋겠습니다.

예배를 시작하다

예배의 첫 단계는 바로 '시작하기'입니다. 하나님을 예배하는 존재로 신분이 바뀌었다는 사실을 깨닫는 순간, 비록 그 감격이 아직 깊지는 않더라도, 우리는 하나님 앞에 설 수 있게 됩니다. 드디어 예배가 시작된 것입니다! 어떤 사람은 예배를 지루하거나 의무적인 것으로 여길지 모릅니다. 하지만 우리가 누리는 하나님의 구원은 오랜 세월 준비되고, 수많은 사람을 통해 전해진 놀라운 소식입니다. 더욱이 이 구원은 지금도 우리 안에서 역동적으로 역사하며, 하나님을 닮아 가게 하는 영적 실체입니다. 이토록 놀랍고 감격스러운 복을 주신 하나님께 감사하지 않는다면, 아직 그 사실을 제대로 이해하지 못했거나 진심으로 믿지 않는 것일 수 있습니다. 한때 우리는 하나님 앞에 설 수도, 감히 얼굴을 들 수도 없었습니다. 그러나 그리스도로 말미암아 하나님의 무조건적인 사랑을 깨닫고 그 사랑에 안길 수 있게 되었습니다. 그 사실을 어렴풋이라도 발견했다면 예배를 드릴 수 있습니다. 그런 사람들은 베드로 사도가 적었듯이 하나님의 택하심을 입고 거듭났음을 깨달은 사람들이며, 예배자들입니다. 천지의 주재이신 하나님을 예배할 자격을 얻은 것은 피조물인 인간에게는 더없는 영광입니다. 그 영광을 누릴 수 있는 존재로 부름받았음을 깨닫는 것, 이것이 바로 예배를 시작하는 첫걸음입니다. 이 놀라운 복이 오직 그리스도의 죽으심과 부활로 말미암았음을 알고, 주님을 사랑하는 마음이 미세하게나마 움트기 시작했다면, 그 사람은 이제 예배의 문을 열고 들어선 것입니다. 위대한 영적 여정의 시작이며, 동시에 가장 아름다운 변화의 순간입니다.

뿌리 깊이
하나님나라

하나님을 향한 사랑이 마음속에 싹트기 시작했다면, 예배를 배우는 단계로 나아가야 합니다. 그렇지 않으면 우리 안에서 자라기 시작한 구원이 온전해질 수 없습니다. 구원의 현재성이란 하나님과의 인격적 관계가 깊어지면서 그분을 닮아 가는 과정이기 때문입니다. 안타깝게도 많은 그리스도인이 예배를 의무로 시작합니다. 이는 마치 아무 사랑 없이 의무적으로 결혼생활을 유지하는 부부와 같습니다. 부부에게 서로 사랑하는 일이 가장 중요하듯이, 그리스도인에게 예배보다 더 중요한 것은 없습니다. 그런데도 의무적으로 예배를 드리는 그리스도인은 의무적으로 사랑하는 부부만큼이나 불행한 존재입니다. 그들은 영적으로 성장하지 못하고, 이 세상에서 임시체류자로서도 힘 있게 살아가지 못합니다. 예배의 시작 단계에서 예배를 진정으로 누리는 법을 배우지 못했기 때문입니다.

예배를 배우다

예배는 그냥 즉흥적으로 할 수 있는 것이 아닙니다. 세상의 모든 소중한 것이 그렇듯이 예배도 한순간에 잘 드릴 수 없습니다. 예배는 배우는 과정을 통해 더욱 깊어집니다. 우리는 세상의 온갖 재미와 즐거움에 둘러싸여 살았고, 그것들에 마음과 영혼을 쉽게 빼앗기곤 했습니다. 따라서 예배를 시작한다는 것은 이전 삶의 방식에서 벗어나겠다는 선언입니다. 예전에 좋았던 것

대신에 하나님과 관계를 맺고 그 관계 안에서 세상을 이해하고 살아가는 법을 배우고 누리겠다는 것입니다. 따라서 그때부터는 하나님과 인격적 관계를 맺는 법, 예배하는 법을 배워야 합니다. 이것이 예배의 둘째 단계입니다.

예배를 배운다는 것은 예배 의식에 참여하는 법을 익히거나 찬양 가사를 외우고 기도문을 작성해 기도하는 것 이상입니다. 하나님을 알아 갈수록 더욱 간절히 사모하는 것이며, 하나님을 자기 마음속에서 계속 생각하는 것입니다. 우리를 위해 하나님이 하신 일을 마음속 깊이 담고, 그 일이 우리 삶에 어떤 의미를 지니는지를 세심하게 성찰하여, 전인격으로 하나님에게 사랑한다고 고백하는 것입니다. 이것이 예배입니다.

어떻게 눈에 보이지 않는 하나님을 사랑할 수 있을까요? 설교를 듣고 성경을 읽고 큐티를 하면서 우리는 하나님을 새롭게 발견합니다. 그 하나님을 마음속에 그리고 묵상하며 하나님 앞에 나아갈 수 있습니다. 많은 그리스도인이 성경에서 약속의 말씀이나 일상에 적용할 교훈을 찾습니다. 하지만 그보다 앞서야 할 것이 있습니다. 고전이나 괜찮은 인문학 서적을 읽을 때도 깨달음은 찾아옵니다. 하지만 예배는 본질적으로 다릅니다. 예배는 하나님이 이미 하셨고 지금도 하고 계시며 앞으로 하시겠다고 약속하신 일을 알아 가며, 새롭게 알게 된 하나님을 마음에 품고 그분 앞에 나아가 그분을 노래하고 그분께 기도하는 것입니다. 그 하나님을 더욱 깊이 사랑하는 것입니다.

예배를 배우는 데 가장 중요한 것은 하나님이 어떤 분이시며, 그 하나님이 우리를 위해 무슨 일을 하셨는지를 아는 것입니다. 베드로 사도가 인사말을 마치고, 편지의 본 내용을 시작하자마자 가장 먼저 감격해서 외친 말을 기억하지요? "찬송을 드립시다Εὐλογητὸς"였습니다. 베드로 사도는 편지를 쓰면서도 하나님을 예배하고 있습니다. 베드로가 찬양하는 하나님이 어떤 분이셨습니까? 우리를 거듭나게 하셔서 산 소망과 하늘에 간직된 영원한 유산을 주시고, 마지막 날까지 한결같이 우리를 보호하시며, 시련을 통해 우리의 믿음을 단련시키시고, 마지막 날에 우리를 온전히 인정하실 분입니다. 베드로는 그 하나님을 떠올리며 찬양을 드리자고 합니다. 우리의 예배는 하나님을 알아 가는 만큼 깊어집니다. 지금 살펴보고 있는 이 구절에서 베드로 사도의 감격을 읽어 내기 어렵다면, 그 감격에 대해 듣고도 '정말 그런가?'라는 의구심이 든다면, 베드로 사도가 증언하는 하나님을 깊이 묵상해 보고, 자신이 묵상한 그 하나님께 나아가 보십시오.

맞습니다. 큐티와 성경 읽기, 설교 듣기도 예배로 이어져야 합니다. 그렇지 않으면 신앙이 성장하지 않습니다. 신앙의 성장과 성숙은 예배에서 옵니다. 하나님을 알아 가며, 새로 깨달은 하나님을 묵상하는 연습을 하십시오. 찬양하며 예배드리면 좋습니다. 찬양은 예배를 드리는 굉장히 좋은 방법 중 하나입니다. 성경이 증언하는 하나님과 하나님이 하신 일을 잘 드러내는 가사를 마음으로 묵상하며, 자기 목소리로 노래하며, 때로는 손을 들고 무릎을 꿇기도 합니다. 이렇게 우리는 우리 마음과 몸으로 하나님을 예배할 수 있습니다. 예배는 자신이 속한 공동체 안에서 배우면 가장 좋습니다. 함께 예배하는 성도들 모습을 보며 예배를 배울 수 있습니다. "두세 사람이 내 이름으로 모여 있는 자리, 거기에 내가 그들 가운데 있다"(마태복음 18:20)라고 하신 주님의 말씀대로, 공동체의 예배를 통해 하나님의 임재를 배울 때, 우리는 홀로 있는 골방에서도 하나님을 깊이 예배할 수 있게 됩니다.

그리스도인이 작은 공동체로 모일 때는, 그것이 교회 사역을 위한 것이든 회의를 위한 것이든 상관없이, 그 언제라도 예배가 모임의 중심이 되어야 합니다. 예배가 우리의 정체성이며, 우리를 살리는 원동력이기 때문입니다. 나들목교회는 성도 열 명 남짓이 모이는 가정교회들로 이루어져 있습니다. 성도들이 가정교회에 속해서 "예배를 배우기 시작했습니다", "예배가 회복되었습니다"라는 고백을 할 때, 저는 가장 기쁩니다. 이는 단순히 개인적 만족을 넘어, 교회의 본질적 사명이 실현되고 있음을 확인하는 순간이기 때문입니다. 그리스도인들이 모임을 거듭하면서 점점 더 깊이 예배를 경험하는 것, 이것은 우리가 당연히 기대할 수 있고, 기대해야 하는 선물입니다.

코로나19 대유행 이후 온라인 예배가 활짝 열렸습니다. 온라인 예배를 드릴 때 우리는 어떤 자세를 취하고 있나요? 혹시 텔레비전을 시청할 때와 똑같지는 않나요? 만약 그렇다면 예배를

'구경'하고 있을 가능성이 큽니다. 유튜브 실시간 시청자 수를 조사해 보았더니, 설교가 시작할 때 가장 많아졌고 마칠 때는 급락했습니다. 어떤 경우에는 실시간 예배를 드리는 대신에 자기 편한 시간에 설교만 따로 떼서 들었습니다. 심지어 1.5배속으로 듣기도 했습니다. 예배를 드린다기보다는 단순한 정보 취합에 가깝습니다. 과연 설교를 듣는 것만으로 예배가 될까요? 설교를 듣고 하나님 앞에 나아가는 시간이 없다면, 예배를 구경하고 시청하는 데서 그쳤다면, 온전한 예배라고 할 수 없습니다. 그런 방식으로는 성숙하고 변화하기 어렵습니다. 세상 사람들과 구별된 삶을 추구할 힘도 얻기 힘듭니다. 예배의 본질을 꼭 기억하시기 바랍니다. 하나님 앞에 나아가 머무르며 하나님을 사모하는 시간이 없다면, 진정한 예배가 아닙니다. 하나님은 우리가 단순히 하나님에 대한 지식을 쌓기를 바라시는 것이 아니라, 하나님을 사랑하기를 원하십니다. 예배를 배운다는 것은 하나님을 사랑하는 법을 배운다는 뜻입니다.

예배로 살아가다

예배의 셋째 단계는 '예배로 살아가는 것'입니다. 예배를 배우기 시작하면 예배 없이는 살 수 없다는 사실을 깨닫습니다. 제 취미 중 하나가 분재입니다. 분재를 잘 키우려면 매일 물을 줘야 합니다. 하루라도 거르면 병들거나 심하면 죽을 수도 있습니다.

그래서 매일 아침 분재들은 제가 물 줄 때를 기다리는 듯 보입니다. 제가 물주기를 잊으면 더운 여름 오후에는 모두 축 처져 있습니다. 분재는 철저히 저의 물주기에 의존해 생명을 유지합니다. 그래서 저도 아침마다 분재에 물을 주면서 이렇게 기도합니다. "주님, 제게도 물을 주십시오. 안 주시면 저도 이 분재처럼 힘을 잃고 죽을 수밖에 없습니다."

　많은 그리스도인이 삶에서 재미가 사라지고 힘이 없어지는 이유를 척박하고 적대적인 환경 탓으로 돌리곤 합니다. 부분적으로는 사실일 수 있습니다. 하지만 더 근본적인 원인은 생명의 근원인 하나님과의 연결이 끊어져서 아닐까요? 우리가 자기 힘만으로 이 어려운 세상을 헤쳐 나가려고 하면, 지치고 낙망할 수밖에 없습니다. 사는 것은 다 그렇다고 당연하다고 생각하지 마세요. 우리는 그렇게 살도록 창조되지 않았습니다. 우리는 요한복음 15장의 비유처럼, 포도나무인 예수 그리스도에게 붙어 있는 가지로 그분의 생명력과 영양분으로 살아가도록 지음받았습니다. 예배는 주님의 힘과 양분이 우리에게 흘러들어오는 가장 중요한 통로입니다. 따라서 우리는 단순히 좋아서 예배드리는 것이 아닙니다. 이 세상에서 살아남기 위해, 이 세상을 힘 있게 살아가기 위해 예배를 드립니다.

　불행히도 현대 문물 때문에 우리 이목은 별로 중요하지 않은 것들에 자꾸 붙들립니다. 휴대전화에 이런저런 알림을 켜 놓고 사는데, 당장 알지 않아도 되는 것도 많습니다. 그런데도 우리는 그 알림을 놓치면 세상 중요한 것을 놓친 듯 아까워합니다. 정말 놓치지 말아야 할 것은 따로 있는데 말이죠. 우리에게 놀라운 복을 주시는 분을 그렇게 매 순간 놓치지 않으면 얼마나 좋을까요. 알림만이 아닙니다. 마음이 헛헛하고 심심할 때면 휴대전화를 열어서 이런저런 콘텐츠를 검색하고 재밋거리를 찾습니다. 많은 사람이 잠들기 전까지 휴대전화를 보다가 아침에 눈 뜨는 순간부터 다시 찾습니다. 우리는 주님이 주시는 감격을 누릴 틈이 없습니다. 휴대전화가 모든 순간을 장악해 버린 듯합니다. 인터넷에 연결되어 있지 않으면 불안해하면서도 하나님과 연결이 끊어진 것에는 별다른 문제의식이 없습니다. 무심합니다.

저라고 다르지 않습니다. 그래서 제 휴대전화의 알림 설정을 모두 꺼 놓았습니다. 휴대전화가 제 영혼을 옭아매서 온라인 상태로 만드는 대신에, 하나님과의 온라인 상태를 유지하고 싶어서입니다. 아침에 일어나면 휴대전화를 들여다보려는 습관을 의지적으로 거부합니다. 일어나자마자 아무 생각 없이 휴대전화를 들여다보면 귀중한 시간이 순식간에 흘러가고 그나마 맑고 깨끗했던 새벽의 마음이 세상의 여러 정보로 복잡해집니다. 그러고 나서 드리는 예배는 새벽 첫 마음으로 주님 앞에 머무는 시간과 같을 수 없습니다. 예배를 배우기 시작한 이들은 매일 매 순간 하나님과 동행하며 그분의 지혜와 힘과 사랑을 얻는 법을 익힙니다. 따라서 예배하며 살아간다는 것은 자신이 누구인지를 선명하게 선언하는 것과 같습니다. '나는 예배의 대상이 아니라 예배자이다. 나는 나 자신을 위해 사는 사람이 아니다. 나는 하나님을 기쁘게 하기 위해 부름받았고, 그 일을 위해 하나님과 동행하는 사람이다.' 그 마음으로 하루하루를 살아 냅니다.

그래서 예배로 살아가는 사람은 일주일 한 번만 예배하지 않습니다. 더 자주 예배드립니다. 자신에게 가장 좋은 일이 무엇인 줄 알기 때문입니다. 운동을 배우는 사람도 처음에는 일주일에 한 번 하는 것도 힘들어하지만, 좋아지는 몸을 체감하면 누가 시키지 않아도 스스로 운동합니다. 그것도 될 수 있으면 더 자주, 정기적으로 하려고 노력합니다. 저는 예수님을 삶의 주인으로 받아들인 이들에게 '10-10-10'을 추천합니다. 그리스도인으로 힘 있게 살아가려면 하루에 세 번 10분씩 하나님 앞에 머무는 시간을 가지라고 권합니다. 일주일 내내 하나님을 생각하지도 않고, 그분 말씀을 읽지도 않고, 그분 앞에 머무르지도 않고, 일주일에 한 번, 주일에 그것도 온라인으로 텔레비전 시청하듯이 예배하는 사람과 얼마나 차이가 날지는 불 보듯 뻔합니다. 초신자라도 하루 세 번 단 10분씩 하나님 앞에 머무르면, 놀라운 속도로 성장합니다. 주님도 "첫째가 된 사람들이 꼴찌가 되고, 꼴찌가 된 사람들이 첫째가 되는 경우가 많을 것이다"라고 말씀하셨습니다(마태복음 19:30).

예배를 누리다

　예배로 살아가는 법을 획득하기 시작하면 예배하는 시간이 소중해지고 예배만을 위해 따로 시간을 쓰게 됩니다. 힘 있게 살아가는 데 예배가 가장 중요한 줄 알았으니, 일상에서도 틈틈이 예배하며 살고, 그를 넘어 하나님에게 몰입하는 시간을 따로 냅니다. 반나절 또는 온종일 하나님을 묵상하며 예배합니다. 성경을 읽고 묵상하고 기도하며, 영혼을 새롭게 하고, 굳어진 시각을 깨는 통찰을 얻고, 무엇보다 하나님의 위로와 사랑을 흠뻑 누립니다. 미술 작품을 좋아하는 사람이 미술관과 박물관을 찾아 하루 종일 시간을 보내듯이, 음악을 사랑하는 사람이 좋은 음악을 찾아 희귀 음반과 음악회를 찾듯이, 자연을 사랑하는 사람이 험한 길을 마다하지 않고 오지 캠핑을 가듯이, 예배를 사모하는 사람은 시간을 내서 오롯이 하나님에게만 집중하고 몰입합니다. 예배를 온전히 누립니다.

　주님을 따르면서 자기 삶을 다른 사람에게 내어주며 사는 이들은 어쩔 수 없이 '번아웃 burnout'을 경험합니다. 자기 안에 그 어떤 열정도, 그 어떤 에너지도 남지 않아서 다 내려놓고 싶은 마음뿐입니다. 과도한 사역, 돌보는 사람이나 동역하는 사람과의 불화, 그것도 아니면 자기 속에서 해결되지 않은 문제가 불거지기도 합니다. 무슨 이유에서든 주님을 위해 살려고 애쓰는 이들은 탈진을 피할 수 없습니다. 그럴 때는 하나님과 단둘이 지내는 시간이 필요합니다. 예배를 누릴 때 우리는 회복되기 때문입니다. 하나님의 아들이신 예수님의 특징을 마가는 이렇게 기록했습니다. "아주 이른 새벽에, 예수께서 일어나서 외딴곳으로 나가셔서, 거기에서 기도하고 계셨다"(마가복음 1:35, 비교: 1:45; 6:31-32; 누가복음 4:42; 5:16). 하나님하고만 있는 시간이 예수님에게 소중했듯이 주님을 따르는 이들도 마찬가지입니다. 우리 역시 하나님과 함께하기 위해, 예배를 온전히 누리기 위해 따로 시간을 냅니다.

하나님과 함께하는 그 시간에 하나님이 자신을 얼마나 사랑하시는지, 자신을 향한 그분의 뜻은 무엇인지를 살피고, 하나님의 거대한 이야기 안에서 자신이 맡은 몫이 무엇인지도 묵상합니다. 우리를 수많은 사람보다 먼저 구원하시고, 거듭남의 복을 주신 하나님의 뜻을 되새깁니다. 하나님을 예배하기 시작하고, 예배를 배우며, 예배로 살아가는 힘을 얻는 사람은, 무엇보다 예배를 누리는 사람은 자신의 시각이 하나님의 시각으로 승화하는 경험을 합니다. 하나님의 거대한 이야기 속으로 보잘것없는 우리를 초청하시는 그분을 만납니다. 우리에게 놀라운 뜻을 두고 일하시는 하나님을 바라보며, 하나님과 함께 임시체류자로 살아가게 됩니다. 그때 우리 인생은 잠시 왔다가 사라지는 나그네의 초탈한 삶이 아니라, 거대한 하나님의 이야기를 하나님과 동행하며 써 내려가는 삶으로 승화합니다.

하나님을 묵상하고 바라보고 찬양하는 이들은 결국 하나님과 함께하는 즐거움에 이릅니다. 하나님의 어떤 모습을 묵상하거나 바라보거나 찬양하는 일도 없이 그저 하나님 품 안에서 쉽니다. 평생을 같이한 성숙한 부부가 말없이 함께 앉아서 친밀감과 평화를 누리듯이 그저 하나님 앞에 고요히 앉아 있습니다. 온갖 잡념을 가라앉히고 하나님만을 즐거워하며, 그분의 임재 가운데 머무는 예배로 들어갑니다.[6]

이렇게 예배가 깊어진 사람은 다르게 살기 시작합니다. 두려운 일이 덮쳐도 그 일로 자신이 잡아먹히지 않음을 알기에 담대합니다. 낙심할 일이 생겨도 좌절과 절망의 구렁텅이에 빠지지 않습니다. 중대한 결정을 할 때도 평안 가운데 분별합니다. 이들은 예배로 살아가는 법을 알고 더 나아가 예배를 깊이 누리며, 1장에서 이야기했듯이 정체성이 확립된 사람들입니다. 예배자라는 정체성이 확고해진 사람들입니다.

일생의 감격이 일생의 예배로

이 세상을 전부라고 여기고 그 안에서 아등바등하며 남들만큼 사는 것도 쉽지 않습니다. 그런데 지금 이곳을 임시 체류하는

---

[6] 이러한 영성 수련에 관심 있다면, 하나복DNA네트워크에서 진행하는 영성 수련 과정을 추천한다(www.hanabokedu.org). 《풍성한 삶의 기초》과정을 일대일로 인도한 경험이 있는 분이라면 참여할 수 있다.

곳으로 여기며 사는 것은 더욱 어렵습니다. 물론 종교적 교리를 머리로 이해하고 입으로 거듭났다고 고백하는, '주어진 정체성'을 가진 이들은 많습니다. 하지만 거듭남이 주는 산 소망과 영원한 유산을 상속받았다고 감격해하는, '확립된 정체성'을 가진 이들은 적습니다. 예배당에서 신앙을 고백하고 하나님을 노래하는 것과 하나님을 찾을 수 없는 세상에서 고백하고 노래하는 것은 다릅니다. 우리가 하나님나라를 드러내며 살아가야 하는 현장은 세상의 소망과 욕망이 우리를 이리저리 끌고 다니는 곳입니다. 하늘의 유산을 아직 상속받지 못해서 결핍이 일상인 곳입니다. 그 현장 한가운데서 산 소망과 영원한 유산이 우리 마음속에 실제로 자리 잡을 때야 비로소 하나님나라 백성의 정체성이 확립되었다고 말할 수 있습니다.

어떻게 이런 일이 가능할까요? 우리 삶에 이 일이 실제로 일어날까요? 황홀하리만큼 놀라운 구원을 현실로 만드신 메시아 예수를 사랑하기 시작할 때, 세상의 가짜 소망이 산 소망으로 대체되기 시작합니다. 메시아 예수를 통해 완성하실 하나님나라를 위해 얼마나 많은 하나님나라 백성들이, 구약 시대 예언자들부터 초대교회 사도들과 믿음의 선배들까지 애쓰고 수고했는지 알면, 그 결과 우리에게까지 예수님의 이야기가 전달되었는지를 알면, 하나님나라가 머릿속 관념이 아니라, 인류 역사에 도도하게 흐르는 물줄기로 다가옵니다. 그리고 그 거대한 흐름에 우리를 초대하신 예수님을 더욱 사랑하게 됩니다. 그리하면 세상 그 어떤 왕도 그 어떤 부모도 줄 수 없고, 오직 그리스도를 통해서만 받을 수 있는 유산, 그와 함께 상속받을 그 유산을 꿈꾸게 됩니다. 그런 거룩한 상상이 우리 안에서 발동하기 시작합니다.

이 모든 일이 감격입니다. 나같이 작고 허접한 사람 하나를 살리겠다고 하나님이 예수님을 보내신 것도 감격입니다. 그런데 알고 보니 하나님은 단지 나 하나가 아니라, 깨진 세상에서 신음하는 모든 사람을 살리려고 태초부터 애쓰셨고, 그 놀라운 구원 이야기를 지금도 쓰고 계시며, 그 하나님과 함께 수많은 이들이 수고한 결과로 나까지 복음의 수혜자가 되었다는 사실도 감격입니다. 더군다나 하나님의 거대한 이야기로 나를 초대해 자기 몫을 감당하라고 하시니, 더 큰 감격입니다.

그 감격으로 우리는 하나님을 노래하고 하나님에게 고마워합니다. 그 감격 때문에 우리는 예수님을 본 적 없으나 사랑하고, 아직 만나지 못했으나 말할 수 없는 기쁨과 영광으로 즐거워합니다. 이것이 예배의 본질입니다. 진정한 예배자는 하나님의 거대한 역사 가운데 서서 하나님을 노래하는 사람입니다. 그 감격을 얻으면 모든 것을 얻은 것이며, 그 감격을 놓치면 모든 것을 놓치는 것입니다.

3부
일생의 감격

4.

새로운 꿈 1:13-16

두 사람이 평생 사랑하며 살겠다고 공개적으로 고백하는 결혼식은 언제나 아름답고 귀합니다. 그래서 결혼식 주례는 가벼운 일이 아닙니다. 주례는 결혼식을 진행하고 주례사를 하는 데서 그치지 않고, 두 사람이 하나님 앞에서 언약 관계로 들어가도록 돕는 일입니다. 그 때문에 저는 주례를 승낙하기 전에 결혼하려는 두 사람을 만납니다. 인터뷰 후에 결혼식을 미루라고 권고하기도 하고, 그렇지 않더라도 결혼식 전까지 수행해야 하는 과제를 내줍니다. 결혼은 절대 쉬운 일이 아니기 때문입니다. 많은 사람이 결혼 예식이나 혼수를 결혼 준비로 생각합니다. 정작 결혼생활은 심각하게 준비하지 않습니다. 그래서 기본적인 결혼생활에도 준비가 안 된 커플에게는 과제를 내주고, 그래도 준비가 안 될 때는 결혼식을 미루라고 권고합니다. 대개는 당황하고, 몇몇 커플은 입을 삐죽하고, 더러는 화까지는 못 내도 불편한 기색을 비칩니다. 그때 저는 '고물차 이야기'를 해 줍니다.

운전면허를 막 취득해서 첫 차를 구매했다고 가정해 봅시다. 저렴한 중고차라면 운전이 서툴고 차에 대한 지식이 부족해도 크게 걱정하지 않고 바로 운전할 수 있습니다. 하지만 그 차가 1억 원이 훌쩍 넘는 최고급 차라면 이야기가 달라집니다. 차를 구입하고 바로 몰고 나가기가 조심스러워집니다. 그 차에 대한 기본 지식을 단단히 익히고 운전 연습도 따로 또 하겠죠. 결혼생활도 마찬가지입니다. 결혼을 가치 있고 소중하게 여기면 여길수록 어떤 결혼생활이 좋은 것인지, 어떻게 해야 그런 결혼생활을 할 수 있는지를 먼저 알고 싶어 합니다. 또한 그렇게 살기 위해 열심히 준비도 합니다. 하지만 자신의 결혼생활을 이삼백만 원짜리 중고차처럼 여긴다면 어떨까요? 아마 접촉 사고 정도에는 크게 신경 쓰지 않고, 운전은 배우면서 해 나가면 된다고 생각할지 모릅니다.

눈이 열리고 꿈이 달라지면

이 원리는 그리스도인의 삶에도 그대로 적용됩니다. 하나님이 거듭난 이들에게 주신 삶은 인간이 누릴 수 있는 최고의 풍성함을 담고 있습니다. 그런데 많은 사람이 그리스도인으로서 어떻게 살아야 하는지를 제대로 배우지 못한 채, 심지어 평생 배우지 못한 채 살아갑니다. 억대 승용차도 함부로 다루면 얼마 지나지 않아 접촉 사고, 충돌, 정비 불량으로 가치를 잃어버리듯이, 준비되지 않은 결혼생활은 마땅히 누려야 할 초기의 환희와 사랑 대신에 갈등과 혼란으로 시작합니다. 신앙생활도 마찬가지입니다. 적지 않은 그리스도인이 "사람, 안 변해"라는 고백을 자조적으로 하는 이유도 이 때문입니다.

최고급 자동차를 소유하게 되었다면, 그 차가 얼마나 놀라운지 잘 알아야 하고, 그 지식을 바탕으로 사전 교육과 훈련을 받아야 합니다. 우리가 받은 구원 역시 그것이 얼마나 놀라운지를 가장 먼저 알아야 합니다. 앞서 베드로전서 1장 3-12절을 두 번에 나눠 다루면서, 거듭남이라는 선물이 얼마나 대단한 종합선물세트인지, 그 구원을 받은 이들이 얼마나 큰 감격과 역사의식을 갖게 되는지를 살폈습니다. 이제는 그 구원을 어떻게 누려야 하는지를 살펴볼 차례입니다. 베드로 사도는 베드로전서 1장 13절-2장 4절에서 그리스도인의 삶에 어떤 일반적 원칙이 있는지를 이야기해 줍니다.

자동차 비유를 다시 한번 적용하면, 우리가 값비싼 차를 운전하는 길은 잘 포장된 안전한 도로가 아닙니다. 그 길은 표지판도 분명치 않고 지도에도 잘 나오지 않는 데다가, 가끔은 이게 길인가 싶을 정도로 험하고 거칩니다. 그런 악조건에서도 운행이 가능한 '오프로드' 차량이라면, 차의 조작법을 더 세밀하게 배우고 익혀야 합니다. 맞습니다. 구원받은 우리가 사는 '이 세상'과 '이 시대'는 비포장도로보다 더한 험지입니다. 우리의 구원은 온실이 아닌 광야에서도, 포장도로가 아닌 험한 산길에서도 제대로 작동합니다. 따라서 자신이 받은 구원의 실체를 잘 이해하고 그에 감격하는 데서 머물지 말고, 어떻게 세상에서 구원받은 자로서 살지를 알려 주는 원칙을 습득하는 일이 매우 중요합니다.

"그러므로"라는 은혜

신약성경 저자들은 우리가 받은 구원의 놀라움을 먼저 자세히 살핍니다. 그런 다음에 "그러므로"라는 말로 화제를 전환하고는, 앞서 살펴본 그 구원에 기초해서 살아가는 방식을 이어서 이야기합니다. 바울 사도 역시 "그러므로"의 논리를 자주 사용했습니다. 그의 서신 중 대표작이라 할 수 있는 로마서에서도 이 같은 특징이 보입니다. 바울은 로마서 1-11장에서 하나님이 우리를 위해 하신 일을 아주 면밀하게 논리적으로 설명합니다. 그러고 나서 12장을 "그러므로"로 시작합니다. 이어지는 15장까지는 구원받은 삶의 구체적 원리와 방식에 관해 이야기합니다. 따라서 "그러므로"의 신앙은 성경적 신앙의 특징입니다.

다섯 가지 명령

베드로는 거듭난 삶이 누리는 복과 그로 인한 개인적이고 역사적인 감격을 다룬 후에 "그러므로"라는 말로 새로운 문단을 시작합니다. 이전에 서술된 놀라운 진리가 없다면, "그러므로" 이후의 권면은 매우 무거운 종교적 의무 조항이 될 것입니다. 그러나 우리가 누리게 된 복이 얼마나 놀라운지를 제대로 알고 나면, 최고급 차량을 소유한 사람처럼 기쁨으로 그 복을 누리는 원리와 방법을 배우려 할 것입니다. 대다수 종교가 진리나 구원을 얻고 깨달음에 이르기 위해 고군분투하지만, 기독교는 다릅니다. 하나님이 우리를 위해 행하신 놀라운 일을 듣고 이해하고 감격하는 데서 시작됩니다. 우리는 이를 은혜라고 부릅니다. 그리스도인의 삶은 은혜를 받은 자들이 은혜받은 자답게 살아가는 원리를 배우는 것입니다.

베드로전서 1장 13절부터 2장 4절까지를 읽어 보면 다소 복잡하게 느껴집니다. 이는 베드로 사도가 베드로전서에서 자주 보이는 특징적 습관 때문입니다. 베드로 사도는 이야기를 전개하다가 그가 사랑하는 그리스도를 언급하는 대목이 나오면, 그에 관해 한참 이야기하다가 본론으로 돌아오고는 합니다.[1] 이 본문에서 그 습관이 처음 등장합니다. 그로 인해 논리적 흐름을 놓치기 쉽습니다. 20-21절은 매우 중요한 기독론적 설명입니다. 하지만 문맥의 흐름을 파악하기 위해 이 부분을 잠시 생략하고 읽어 보면, 본문에 등장하는 명령어 다섯 개가 선명하게 눈에 들어옵니다.[2]

13 그러므로 여러분은 마음의 허리를 동이고 온전히 깨어 있어서, 예수 그리스도께서 나타나실 때에 여러분에게 가져오실 <u>은혜를 소망하십시오</u>. **14** 순종하는 자녀로서 여러분의 무지 속에서

---

[1] 그리스도에 대한 언급은 베드로전서 전반에 걸쳐 계속해서 등장한다. 1장 19-21절 같은 긴 언급은 중요한 부분에 반복해서 삽입한 듯이 나타난다(2:4-8, 21-24; 3:18-4:1).

[2] 1장 13절부터 2장 3절까지를 원어로 살펴보면, 부정과거(aorist) 명령어가 다섯 개 등장한다: $\dot{\epsilon}\lambda\pi\dot{\iota}\sigma\alpha\tau\epsilon$(1:13), $\gamma\epsilon\nu\dot{\eta}\theta\eta\tau\epsilon$(1:15), $\dot{\alpha}\nu\alpha\sigma\tau\rho\dot{\alpha}\phi\eta\tau\epsilon$(1:17), $\dot{\alpha}\gamma\alpha\pi\dot{\eta}\sigma\alpha\tau\epsilon$(1:22), $\dot{\epsilon}\pi\iota\pi\text{o}\theta\dot{\eta}\sigma\alpha\tau\epsilon$(2:2).

전에 따랐던 욕망을 따르지 말고 **15** 여러분을 불러 주신 그 거룩한 분을 따라 여러분 자신을 모든 행실에 거룩하여지십시오. **16** "내가 거룩하니 너희도 거룩하라"고 기록되었기 때문입니다. **17** 그리고 여러분이 각 사람의 행위에 따라 차별 없이 심판하시는 분을 아버지라 부르고 있으니, 여러분의 임시거류자 시절을 경외심을 가지고 사십시오. **18** 왜냐하면 여러분이 알다시피, 여러분이 조상으로부터 물려받은 여러분의 헛된 행실로부터 구속된 것은 은이나 금과 같이 썩어질 것이 아니라 **19** 흠도 점도 없는 어린양 같은 그리스도의 보배로운 피로 된 것이기 때문입니다. (**20** 그는 세상의 기초가 창조되기 전에 미리 아심 바 되셨고, 여러분을 위하여 이 마지막 때에 나타내신 바 되었으니 **21** 그를 통해 여러분은 그를 죽음에서 일으키시고 그에게 영광을 주신 하나님을 믿고 있고, 그리하여 여러분의 믿음과 소망은 하나님께 있습니다.) **22** 여러분은 진리에 순종함으로 영혼을 정결하게 하여 위선적이지 않은 형제 사랑에 이르렀으니, 마음으로 뜨겁게 서로 사랑하십시오. **23** 여러분은 썩는 씨가 아니라 썩지 않는 씨, 곧 살아있고 항상 존재하는 하나님의 말씀으로 거듭났기 때문입니다. **24** 왜냐하면 "모든 육체는 풀과 같고, 그 모든 영광은 풀의 꽃과 같다. 풀은 마르고 꽃은 떨어지지만, **25** 주님의 말씀은 영원히 항상 존재한다"라고 했기 때문입니다. 이것이 여러분에게 복음으로 전해진 바로 그 말씀입니다. [2장] **1** 그러므로 여러분은 모든 악의와 모든 기만과 위선과 시기와 모든 험담을 벗어 버리고 **2** 갓난아기들처럼 영적이며 순수한 젖을 갈망하십시오. 그리하면 그로 말미암아 여러분이 구원에 이르도록 자라나게 될 것입니다. 3 여러분은 주님이 인자하시다는 사실을 맛보아 왔습니다.

명령어 다섯 개를 간추리면 다음과 같습니다.

1:13 은혜를 소망하십시오.
1:15 모든 행실에 거룩하여지십시오.
1:17 경외심을 가지고 사십시오.
1:22 뜨겁게 서로 사랑하십시오.
2:2 영적이며 순수한 젖을 갈망하십시오.

베드로 사도는 앞서 거듭남을 다섯 가지 복으로 설명했습니다(베드로전서 1:3-7, 2장 하나님의 선물). 흥미롭게도 이제 그는 그 복을 누리고 있는 사람들에게 다섯 가지를 명령합니다. 다시 말해, 다섯 가지 복은 "그러므로" 다섯 가지 삶의 방식을 불러옵니다. 우리가 받은 놀라운 복은 그에 걸맞은 삶의 방식을 요구합니다. 이는 무거운 짐이 아니라, 받은 은혜에 대한 자연스러운 반응입니다.

다섯 가지 명령어를 자세히 보면, 거듭나기 전의 삶과 대조되는 새로운 삶의 방식이 발견됩니다. 지금까지 세상에서의 성공을 소망했다면, 이제는 산 소망을 기대하라고 말합니다. 지금까지 자신의 욕망을 따랐다면, 이제는 모든 행실에서 거룩을 추구하라고 합니다. 지금까지 하나님 없이 자기 소견에 옳은 대로 살았다면, 이제는 하나님을 경외하며 살라고 합니다. 주님 모를 때와 달리 진실한 사랑에 이르렀으니, 이제는 더욱더 뜨겁게 사랑하라고 합니다. 마지막으로 지금까지 내면을 채우던 온갖 악 대신에, 이제는 순수한 젖을 사모하라고 합니다. 우리는 이 다섯 키워드를 중심으로 새로운 삶의 방식을 다음처럼 정리할 수 있습니다. 이는 거듭난 자의 전인격적 변화를 나타내며, 믿음의 실제적 열매라고 할 수 있습니다.

1:13 은혜를 소망하십시오 - 소망: 새로운 기대
1:15 모든 행실에 거룩하여지십시오 - 거룩: 새로운 추구
1:17 경외심을 가지고 사십시오 - 경외: 새로운 관점
1:22 뜨겁게 서로 사랑하십시오 - 사랑: 새로운 관계
2:2 영적이며 순수한 젖을 갈망하십시오 - 진리: 새로운 에너지원

다섯 가지 새로운 삶의 방식도 자세히 살펴보면, 앞의 두 가지는 새로운 기대와 추구, 즉 우리가 갖게 되는 꿈과 관련이 있고, 뒤의 세 가지는 실제 삶과 관련이 있습니다. 하나님이 인간의 역사 속에서 이루신 놀라운 진리를 깨닫고 은혜를 입어 거듭난 사람이라면, 지금까지와는 전혀 다른 꿈을 꾸게 됩니다. 그리고 이런 꿈을 꾸는 사람들은 전혀 다른 삶을 살게 됩니다. 즉, 진

리는 꿈을 꾸게 하며, 진리에 기반한 꿈은 삶을 변화시킵니다. 이를 단순하게 표현하면 다음과 같습니다.

$$진리 \to 꿈 \to 삶$$

진리는 꿈으로, 꿈은 삶으로

　진리를 이해하고 깊이 들여다보면 우리는 그 진리에 기반해서 꿈을 꾸게 되고, 그 꿈을 이루기 위해 살아가게 됩니다. 이는 유사 진리에도 적용됩니다. "큰 집에 살면 행복하다"라는 유사 진리를 계속 묵상하면, 그 집에서 사는 날을 꿈꾸게 되고 그 꿈을 실현하기 위해 열심히 일하게 됩니다. 인간은 무언가를 바라고 그것을 이루기 위해 살도록 창조되었기 때문입니다. 부족하고 잘못된 진리라도 그것을 참이라고 믿으면, 사람들은 그에 근거해 꿈을 꾸고 그에 따라 열심히 살아갑니다. 많은 그리스도인이 삶은 잘 변하지 않는다고 말합니다. 여러 종교적 계율과 경건한 생활 습관을 익히려 애쓰지만, 겉모습만 조금 바뀔 뿐 여전히 변화하지 않는 내면으로 인해 힘들어합니다.

　삶이 변화하지 않는 이유는 삶의 구체적 방식을 몰라서이고, 삶의 구체적 방식에 눈이 열리지 않는 이유는 꿈을 꾸지 않아서이며, 꿈을 꾸지 않는 이유는 진리에 대한 확신이 약하기 때문입니다. 베드로 사도는 임시체류자인 우리에게 이미 주어진 진리

(베드로전서 1:3-7)와 그 진리가 가져오는 복과 감격(베드로전서 1:8-12)을 전해 주었습니다. 그리고 이제 우리가 기대하고 추구해야 할 꿈을 이야기합니다. 나아가 그 꿈을 이룰 수 있는 구체적 삶의 방식을 제시합니다.

  예술사를 전공하는 매우 지적인 분과 대화한 적이 있습니다. 그분은 예술사는 물론이고 연관된 여러 영역을 공부했고, 성경도 많이 읽었다고 했습니다. 그러나 기독교 신앙이 세상과 자신에게 별 의미가 없다고 생각했습니다. 대화를 나누면서, 그분이 기독교와 하나님에 대한 피상적인 지식은 있지만 많은 면에서 하나님을 오해하고 있다는 사실을 발견했습니다. 그는 하나님을 가부장적이고, 인간을 규제하고 억압하며, 권위를 내세우는 존재로 이해하고 있었습니다. 성경에 나타난 하나님에 대해 조금 설명해 주었더니, 그분이 "제가 하나님을 잘 모르고 있었네요. 만약 그런 분이라면, 제 인생과도 연결점이 있겠네요"라고 했습니다. 그 말을 듣고 얼마나 기뻤는지 모릅니다. 그분도 이제 자신의 삶을 변화시킬지도 모를 하나님에 대해 관심을 가지기 시작했기 때문입니다. 잘못된 이해나 오해로 인해 우리는 때로 중요한 진리를 놓치거나 거부할 수 있습니다. 그 결과, 진리에 관해 잘 모른 채로 자신의 삶이 변화하기를 계속 바랄 수 있습니다.

  30대 중반의 한 교회 청년은 세상의 쾌락과 행복을 추구하며 살아왔지만, 현재는 매우 불행한 상태라고 했습니다. 그는 "그리스도인으로 살면 즐거움도 없고, 행복하지 않을 것 같다"라고 말했습니다. 그가 관찰한 그리스도인들은 많은 금지 조항을 포함한 종교적 규례에 얽매여 사는 것처럼 보였다고 합니다. 그래서 그리스도인의 삶은 이 세상이 주는 쾌락이나 행복과는 거리가 멀다고 생각했습니다. 게다가 신앙생활은 세상과 담을 쌓은 듯한 교회라는 공간에서만 이루어진다고 이해하고 있어서, 현실과는 분리된 것이라고 여겼습니다. 그에게 하나님이 인간을 향해 보여 주신 사랑과 예수 그리스도가 하신 일의 의미를 설명해 주었습니다. 하나님과 깨진 관계가 어떻게 회복되는지, 그때 우리가 추구하는 행복과 쾌락을 가장 안전하고 아름답게 누릴 수 있다는 이야기를 들려주었습니다. 그 청년은 자신의 불행이 참 진리이신 하나님과 아무 연결점을 가지지 못한 데서 비롯되었음을 어렴풋이 깨닫는 것 같았습니다. 하나님과의 관계를 회복할 때 온전한 기쁨과 쾌락이 찾아온다는 가능성을 본 것 같았습니다. 이제 그가 진리에 눈이 열리면, 새로운 꿈을 꾸게 될 것이고, 그 꿈은 그의 삶을 바꿀 것입니다.

다시 한번 강조하지만, 진리를 제대로 이해하는 것이 중요합니다. 진리를 올바로 이해하면 그에 기반한 꿈이 생기고, 그 꿈을 이루기 위해 살아가게 됩니다. 그러나 진리를 제대로 이해하지 못하면, 자신이 진짜 진리라고 믿는 것에 기초한 꿈을 꾸게 되고, 그에 따른 삶을 살게 됩니다. 많은 그리스도인이 하나님을 믿는다고 하면서도 하나님의 진리를 제대로 이해하지 못하고, 다른 무언가가 인생에서 절대적으로 중요하다고 여깁니다. 예를 들어, 적지 않은 그리스도인들이 하나님 대신 돈을 진리로 믿기 때문에, 그들의 삶은 돈을 추구하고 돈에 지배받는 세상 사람들과 크게 다르지 않습니다. 따라서 중요한 것은 우리의 삶을 변화시키기 전에, 그렇게 할 만한 꿈을 가졌는지, 그리고 그 꿈을 이룰 수 있는 기반, 곧 참된 진리를 소유하고 있는지를 확인하는 것입니다.

그리스도인들은 자기 정체성과 삶의 기반이 될 수 있는 절대적 진리를 믿는 이들입니다. 베드로 사도가 전해 준, 거듭남과 관련한 복을 온전히 누리게 되면, 우리는 삶에 대해 새로운 기대를 하게 되고 세상과는 다른 것을 추구하게 됩니다. 이러한 새로운 기대와 추구를 베드로전서 1장 13-16절은 잘 표현하고 있습니다.

> **13** 그러므로 여러분은 마음의 허리를 동이고 온전히 깨어 있어서, 예수 그리스도께서 나타나실 때에 여러분에게 가져오실 은혜를 소망하십시오. **14** 순종하는 자녀로서 여러분의 무지 속에서 전에 따랐던 욕망을 따르지 말고 **15** 여러분을 불러 주신 그 거룩한 분을 따라 여러분 자신을 모든 행실에 거룩하여지십시오. **16** "내가 거룩하니 너희도 거룩하라"고 기록되었기 때문입니다.

뿌리 깊이
하나님나라

새로운 기대, 소망

베드로 사도는 거듭난 이들이 받는 복에 관해 서술했고, 그 복을 누리게 하신 예수 그리스도, 하나님의 거대한 역사 가운데 전해진 그 놀라운 소식에 깊은 감격을 표했습니다. 이제 베드로 사도는 이 편지의 수신자들이 다른 종류의 소망을 갖게 되었다고 말합니다. 그들이 가졌던 소망하는 이유와 소망하는 내용, 소망하는 자세에 관해 살펴봅시다.

소망하는 이유

베드로전서는 네로 황제의 대대적인 박해(주후 64년)가 시작되기 직전에 쓰인 것으로 추정됩니다. 이 시기 그리스도인들은 이미 여러 가지 불이익과 박해를 부분적으로 경험하고 있었습니다. 이 편지가 쓰인 직후, 네로 황제의 박해 때는 로마를 방화한 주범으로 그리스도인 집단이 지목되어 수많은 신자가 살해당했습니다. 대규모 박해는 주후 90년 도미티아누스 황제 때 일어나지만, 이미 이때부터 그리스도인들을 향한 경계와 의심의 시선은 심해지고 있었고, 초대교회 성도들은 '임시체류자'로서 다양한 불이익을 경험하고 있었습니다.

이 서신을 읽었던 초대교회 성도들은 당시 크고 작은 박해를 겪었을 것입니다. 이런 상황에서 베드로 사도가 전하는 소망의 메시지는 더욱 중요한 의미를 지닙니다. 세상의 어려움과 박해 속에서도, 그들은 예수 그리스도의 재림과 그때 받을 은혜를 소망하며 살아갈 수 있었습니다.

이런 역사적 맥락은 베드로가 말하는 "산 소망"의 의미를 더욱 깊이 이해하게 해 줍니다. 현재의 고난 속에서도 미래의 영광을 바라보는 그리스도인의 자세가 바로 이 "산 소망"의 핵심입니다. "산 소망"은 단순한 낙관주의가 아닙니다. 현실의 어려움을 인정하면서도, 하나님의 약속에 기초해 확고한 기대를 품는 것입니다. 이 소망은 그리스도인들에게 현재의 고난을 견디는 힘이 되며, 동시에 그들의 삶의 방향을 결정짓는 나침반 역할을 합니다.

그리스도인들은 하나님을 인정하지 않는 세상에서 언제나 불이익을 당합니다. 예수께서는 요한복음에서 세상이 그리스도인들을 미워할 것이라고 여러 번 말씀하셨습니다(요한복음 7:7; 15:18, 19; 17:14). 특히 요한복음 17장 14절에서 "나는 그들에게 아버지의 말씀을 주었는데, 세상은 그들을 미워하였습니다. 그것은, 내가 세상에 속하여 있지 않은 것과 같이, 그들도 세상에 속하여 있지 않기 때문입니다"라고 기도하셨습니다. 세상 사람들이 살아가는 방식을 따르지 않는 '임시 체류자'는 오해나 미움을 받기 십상이고, 자주 경계 대상이 됩니다.

한국 교회 선교 초기에도 그리스도인들은 오해를 많이 받았습니다. 노비 해방, 여성 교육, 백정 세례 등으로 오히려 질타의 대상이 되었습니다. 오늘날 그리스도인들도 세속 사회에서 공의를 따라 살려고 하면 이런저런 오해를 받고 불편과 손해를 경험합니다. 그런데 오늘날 한국 교회는 세상과 너무나 닮은 모습, 때로는 더 세속적인 모습을 보입니다. 여기에 엎친 데 덮친 격으로 코로나19 대유행 때는 교회가 감염의 온상지로 여겨지기도 했고, 광장의 기독교는 양극단에 치우친 우리 사회의 진영 논리를 더욱 강화하는 집단으로 인식되기에 이릅니다. 이 모든 모습이 한데 뭉쳐져 한국 개신교를 바라보는 일반 사회의 눈초리는 최근 더욱 싸늘해졌습니다. 비록 초대교회와 지금 우리의 상황은 다르지만, 세상에 위축된 심정은 그때나 지금이나 비슷할 것입니다.

베드로 사도는 하나님이 없는 것처럼 보이는 세상 가운데서 오해와 불이익과 혼란으로 위축된 임시체류자들에게 더욱 소망하라고 말합니다. 임시체류자의 정체성이 분명할 때, 우리의 소망은 빛납니다. 임시 체류 시절을 지나 원래 살았던 집으로 돌아간다는 소망은 임시 체류의 고단함을 이겨내게 합니다.

소망하는 내용

베드로 사도는 세상에 속한 어떤 것이 아니라, "예수 그리스도께서 나타나실 때에 가져오실 은혜"를 소망하라고 말합니다. 3절의 "산 소망과 사라지지 않는 유산"을 상기시키는 구절입니다. 특히 이 은혜는 현재 받고 있는 것이 아니라, 미래에 받을, 종말론적 은혜를 가리킵니다. 그것은 마지막 날에 일어날 온전한 회복입니다. 거듭난 이들은 그날에 받을 놀라운 은혜를 기대하고 사모하며 살아갑니다. 이것이 그리스도인의 '소망하는 삶' 입니다.

  그 은혜를 정확히 알 수 없기에 다소 막연할 수 있습니다. 그래서 우리에게는 상상력이 필요합니다. 1세기 초대교회 성도들에게 '2천 년 후 인간이 휴대전화를 사용하는 모습'을 설명하는 것만큼이나 어려운 일입니다. 인간이 발전시킨 기술도 설명하기 어려운데, 창조주께서 만물을 새롭게 하시는 은혜를 인간의 말로 어찌 설명할 수 있을까요.

  우리 상상력을 끝까지 발휘해도 충분히 설명하기 어렵지만, 그렇다고 그 은혜의 모든 부분을 전혀 알 수 없는 것은 아닙니다. 그 은혜의 핵심이 성경 곳곳에서 드러납니다. 요한일서 3장 2절은 예수 그리스도와의 관계에 대한 소망을 이야기합니다.

> 사랑하는 여러분, 이제 우리는 하나님의 자녀입니다. 앞으로 우리가 어떻게 될지는 아직 밝혀지지 않았습니다만, 그리스도께서 나타나시면, 우리도 그와 같이 될 것임을 압니다. 그때에 우리가 그를 참모습대로 뵙게 될 것이기 때문입니다(요한1서 3:2).

  요한 사도는 그리스도가 다시 오실 때 우리도 그리스도처럼 될 것이라고 말합니다. 또한 그분의 참모습을 보게 될 것이라고 합니다. 베드로 사도의 말처럼 지금 우리는 그분을 본 적이 없는데도 사랑하고 기뻐하나, 그날에는 그분을 우리 눈으로 직접 보게 됩니다. 그뿐 아니라 우리도 그분처럼 온전한 존재로 변화하게 될 것입니다. 이것이 산 소망의 핵심입니다. 바울 사도도 비슷한 소망이 있었습니다. 그는 우리가 온전히 알게 될 소망에 대해 말합니다.

> 지금은 우리가 거울로 영상을 보듯이 희미하게 보지마는, 그때에는 얼굴과 얼굴을 마주하여 볼 것입니다. 지금은 내가 부분밖에 알지 못하지마는, 그때에는 하나님께서 나를 아신 것과 같이, 내가 온전히 알게 될 것입니다(고린도전서 13:12).

바울 사도는 거울에 빗대어 그날의 영광을 설명합니다. 당시 거울은 동판을 사용해서 지금 거울처럼 선명하고 뚜렷하게 볼 수 없었습니다. 그처럼 지금 우리는 하나님과 그분이 만드신 모든 것을 온전히 알 수 없지만, 그날이 오면 얼굴과 얼굴을 마주 보듯이, 하나님이 우리를 아신 것과 같이 완벽하게 알게 될 것입니다. 사실 인간이 축적한 지식과 기술로도 하나님이 창조하신 만물과 우주의 신비를 다 알 수 없습니다. 인간 사회의 복잡한 문제들도 여러 요인이 복잡하게 얽혀 있어서 그 실체를 제대로 파악하기 힘듭니다. 더 나아가 하나님과 인격적 관계를 맺으려 애쓰고 오랜 시간 성경을 읽고 기도하는 사람도 있지만, 여전히 하나님을 아는 지식은 제한적일 수밖에 없습니다. 바울 사도의 말에 따르면, 이렇게 부분적으로만 알 수 있었던 것들이 그날에는 온전하게 이해될 것입니다. 구약성경의 선지자도 다음처럼 말합니다. 놀랍게도 그는 온 천하 만물이 하나님의 존재를 증언할 것이라고 말합니다.

> 바다에 물이 가득하듯이, 주의 영광을 아는 지식이 땅 위에 가득할 것이다(하박국 2:14).

나들목교회 식구들과 지도자 수련회로 인도네시아 또바 호수에 간 적이 있습니다. 산 위에 형성된 거대한 호수 한가운데 있는 섬에서 며칠을 보냈습니다. 아침마다 잔잔한 호수를 바라보며 성경을 묵상하다가 하루는 참을 수 없어서 에메랄드빛 호수에 뛰어들었습니다. 몇백 미터 나아가다가 수온이 너무 쾌적해서 물속으로 들어가 보았습니다. 2-3미터 내려가니 어디가 위이고 아래인지도 모를 정도로 사방이 신비한 에메랄드빛으로 가득 찼습니다. 그 신비함과 아름다움에 숨이 가빠오는지도 잊을 지경이었습니다. 숨을 쉬러 물 밖으로 나오는 순간 하박국 선지자의 이 말씀이 떠올랐습니다. '아! 물이 바다를 덮는다는 말이 이런 것이구나. 에메랄드빛 물밖에 안 보이는 호수처럼 그때는 세상 모든 만물이 하나님을 증언하며 빛나겠구나!' 그날에는 회복되고 완성된 만물이 하나님을 증언하며, 하나님의 영광을 어디서든 드러낼 것입니다. 우리는 때때로 자연의 아름다움에 감동하고 감격하는데, 주님이 다시 오셔서 회복된 세상을 볼 때는 그 감동이 백배, 천배 더 깊어질 것입니다.

임시체류자 여러분, 우리가 돌아갈 본향과 그곳에서 경험할 변화, 특히 자신의 변화에 대해 상상해 봅시다. 본질적으로 변화할 자신과 세상에 대해 꿈꿔 봅시다. 무엇보다 믿음으로 사랑을 고백하던 그분을 직접 만날 날을 그려 봅시다. 그날에 누릴 그 많은 은혜를….

소망하는 자세

소망은 그리스도인의 삶에서 발견되는 특징 중 하나입니다. 그런데도 실제로는 큰 힘을 발휘하지 못할 때가 많은데 두 가지 때문입니다. 자신이 속한 상황에 대한 이해가 부족하고, 소망해야 하는 내용에 대한 상상력이 빈곤할 때 소망은 제대로 작동하지 않습니다. 여기에 하나를 더한다면 소망하는 자세의 결여입니다.

베드로 사도는 "마음의 허리를 동이라"고 권합니다. 당시 유대인들은 발까지 내려오는 긴 튜닉을 입었는데, 빨리 걷거나 뛸 때 걸리적거렸습니다. 그래서 빨리 걷거나 달려야 하는 상황이 오면 옷을 허리춤까지 올려 허리띠 안에 집어넣었습니다. 여기서 '허리를 동이다'라는 표현이 유래했는데, 어떤 행동을 하기 위한 준비 자세를 뜻합니다. 크랜필드라는 신약성경 학자는 이 부분을 "팔을 걷어붙이고"라고 옮겼는데,[3] 와닿는 표현입니다.

 허리를 동이는 대상은 마음입니다. 대다수 영어 성경은 마음을 'heart'가 아닌 'mind'로 번역했는데, 우리말로는 '생각'에 더 가깝습니다. NLT 성경은 'think clearly'로 풀어서 번역했습니다. 우리말로는 '생각을 선명하게 해서' 정도가 되겠습니다. 이를 바탕으로 다시 옮기면, "마음의 허리를 동이고"는 "행동하기 위해 생각을 분명히 하고" 정도가 됩니다. 앞서 언급했듯이 기독교에서는 진리가 중요합니다. 베드로 사도는 진리를 알았으니, 이제 하나님이 하신 일, 하고 계신 일, 하실 일들로 마음을 무장하고 그에 맞춰 실제로 살아 낼 준비를 하라고 말합니다. 특히 적극적으로 준비할 것은 마지막 날에 임할 은혜를 소망하는 것입니다.

 베드로 사도는 적극적 자세로 소망하라고 말하면서 "깨어 있는" 자세를 추가합니다. 여기서 "온전히"가 어떤 단어를 수식하는지에 따라 번역이 달라질 수 있습니다. 개인적으로는 "소망하

---

[3] 스캇 맥나이트의 *1 Peter: The NIV Application Commentary Book 17* 85쪽에서 재인용.

십시오"보다 "깨어 있어"를 꾸며 준다고 생각합니다.[4] '깨어 있다'는 '정신을 차리다'로도 번역할 수 있는 단어로, 영어로는 'self-control' 또는 'sober'로 번역됩니다. 원어의 뜻은 '술에 취하지 않은 상태'입니다. 정신을 차리라고, 술에 취하지 않은 상태로 있으라고 말하는 것은 우리가 무언가에 취할 수도 있음을 전제로 합니다. 우리를 취하게 하는 것은 바로 세상입니다. 이 세상은 시대에 따라 다양한 방법으로 항상 우리를 취하게 만듭니다. 시대나 문화마다 다양한 것들이 우리 마음을 사로잡아, 하나님과 이웃을 사랑하지 못하도록 막습니다. 베드로 사도는 이러한 것들에 마음을 빼앗기지 않아야 소망할 수 있다고 말합니다. 따라서 우리를 취하게 만드는 것들, 그것이 무엇이든 경계하라고 권면합니다.

    요즘 사람들은 자신의 돈과 성공, 자신의 쾌락과 재미, 결국 자기 자신이라는 신에 취해 있습니다. 이렇게 취해서는 망가진 세상이 회복될 수 없습니다. 자신만 생각하는 사람들이 어떻게 세상을 회복하겠습니까? 하나님은 이런 세상 속에서 온전히 깨어 있으라고 하십니다. 하나님이 역사를 어떻게 이끌고 계시는

---

[4] "온전히"가 "소망하십시오"를 꾸민다고 번역하기도 하고(NASB, NKJ, NRS), "깨어 있어"를 꾸민다고 번역하기도 하는데(NIV), 어느 편이든 큰 의미 변화는 없다. 다른 표현에 비해 "깨어 있어"가 한 단어 단독으로 사용되었으므로, 읽어 나가는 운율 상 "깨어 있어"를 꾸며 준다고 보았다.

지, 그 가운데서 인간을 얼마나 소중히 여기시는지를 바로 알고, 계속해서 일하시는 주님의 부르심에 응답하며 깨어 있으라고 하십니다.

마지막 날에 대한 소망은 언뜻 피안의 세계로 도피하는 것처럼 보일 수 있습니다. 그러나 끊임없이 일하시는 하나님을 바라보며 그 마지막을 기다린다면, 열심히 우리 몫을 살아 내지 않을 수 없습니다. 어떤 삶이 가장 가치 있고 의미 있는지 고민하며, 자기가 사랑해야 할 사람은 누구인지, 자신이 감당해야 할 몫은 무엇인지 발견하고, 내일 세상이 끝나더라도 오늘 해야 할 일을 최선을 다해서 해내게 됩니다.

소망해야 할 이유도 있고, 소망하는 내용이 선명해도, 소망하는 자세가 흐트러져 있으면, 곧 세상에 취해 마음의 허리를 풀어 헤치고 있다면 우리의 소망은 힘을 잃습니다. 그러나 세상으로부터 "깨어서" "행동하기 위해 우리 생각을 분명히 한다면" 우리는 소망할 수 있습니다. 예수 그리스도께서 나타나실 때 우리에게 임할 은혜를 바라볼 수 있습니다.

새로운 추구, 거룩

사람들은 듣고 배우기보다 보고 배운다고 합니다. 책을 읽거나 강연을 듣는 것보다 직접 보는 것이 더 강력한 배움입니다.

그래서 누구를 보고 누구를 이상으로 삼고 살아가는지가 참으로 중요합니다. 요즘은 연예인이나 운동선수, 최고 경영자가 되겠다는 아이들이 많습니다. 보고 따라야 할 사람을 잃어버리고, 돈이 우상이 된 시대의 병리적 현상이 아닐 수 없습니다. 그와 달리 마지막 날에 임할 은혜를 소망하는 자들은 살아있는 동안 추구해야 할 가치, 따라야 할 존재가 있습니다. 이를 14-16절에서 살펴봅시다.

> **14** 순종하는 자녀로서 여러분의 무지 속에서 전에 따랐던 욕망을 따르지 말고 **15** 여러분을 불러 주신 그 거룩한 분을 따라 여러분 자신을 모든 행실에 거룩하여지십시오. **16** "내가 거룩하니 너희도 거룩하라"고 기록되었기 때문입니다.

거룩의 핵심

베드로 사도는 소망에 이어서 거룩을 다룹니다(14-16절). 많은 이들이 거룩을 종교적 근엄함이나 신비함으로 생각하지만, 핵심은 '누구를 따를 것인가'에 관한 문제입니다. "거룩하여지십시오"(15절)와 대비되는 개념으로 "따르지 말고"(14절)를 사용하기 때문입니다. '따르다'라는 단어는 로마서 12장 2절의 "본받지 말고"에서 사용한 단어와 같습니다. 이 단어는 신약성경에 딱 두 번 등장하며, 습관, 모양, 형식 등을 뜻하는 '스케마'라는 단

4부
새로운 꿈

어를 포함하고 있습니다.⁵ 즉, 따른다는 것은 어떤 대상의 습관과 모양과 형식들을 쫓아 살아가는 것을 의미합니다. 이는 거룩함이 단순히 추상적 개념이 아니라, 우리가 일상에서 살아가는 방식과 밀접하게 연관되어 있음을 보여 줍니다.

베드로 사도는 임시체류자가 따를 수 있는 두 가지 선택지를 제시합니다. 하나는 "무지 속에서 전에 따랐던 욕망"이고, 다른 하나는 "우리를 불러 주신 그 거룩한 분"입니다. 여기서 "무지"는 하나님을 모르는, 즉 하나님이 없다고 생각하는 세계관과 삶의 방식을 대표합니다. 우리 인생과 세상의 중심이신 하나님에 대해 무지하면, 우리는 자연스레 우리의 욕망을 따르게 됩니다. 사람들은 그 욕망이 선한지 아닌지 판단하기에 앞서 그 욕망에 따라 살아갑니다. "아무것도 하기 싫어"라거나 "아무 욕망도 없어"라는 말조차도 '아무것도 하기 싫은 욕망'에 굴복한 상태라고 할 수 있습니다. 하나님을 부인하고 자기 욕망대로 살라는 세상에서는, 우리를 택해서 거듭나게 하신 하나님을 따를 것인지 거부할 것인지가 관건인데, 이는 우리의 정체성과 깊이 연관되어 있습니다.

베드로 사도는 우리가 "순종하는 자녀"(14절)라고 강조합니

---

5 συσχηματιζόμενοι는 로마서 12장 2절에서만 발견되고, 이 단어는 συν(함께)+σχημα(틀)로 구성되어 있다.

다. 이는 1장 3절의 "그리스도의 순종과 피 뿌림"을 상기시킵니다. 하나님 자녀의 특징은 순종입니다. 순종하면 종교적 규율과 억압을 떠올리는 이가 많습니다. 그러나 절대적 하나님께 순종할 때야 세상의 그 무엇도 우리를 지배할 수 없습니다. 절대적 하나님께 순종하면, 우리를 쥐락펴락하는 돈, 명예, 쾌락, 근심, 염려, 침체, 무기력 등에서 자유롭게 됩니다. 따라서 순종하는 자녀, 곧 하나님을 따르는 자들은 참된 자유를 배우고 누리는 사람들입니다. 거룩은 단순히 종교적 규율을 지키는 것이 아니라, 하나님과의 관계 안에서 정체성을 찾고 진정한 자유를 누리는 것입니다. 따라서 거룩은 결국 누굴 따를지의 문제입니다.

거룩의 목적

이 거룩함으로 우리는 하나님을 닮아 갑니다. 이것이 거룩의 궁극적 목적입니다. 하지만 오늘날 '거룩'만큼 오용되는 단어도 없습니다. 그리스도인들이 보이는 종교적 형식주의, 외적 근엄함, 이원론적 세계관으로 '하나님의 거룩함'에 담긴 뜻이 심각하게 왜곡되어서 거룩이 아주 매력 없는 단어로 전락했습니다. 성경이 전하는 하나님의 거룩함을 제대로 설명하기란 매우 어렵습니다. 인간의 인지 능력 밖에 있는 하나님 성품을 가리키는 단어이기 때문입니다. 우리 이해력의 한계를 감안하고 좀 더 알기 쉽게 표현하자면, 거룩은 하나님에게 속한 모든 아름다움의 총체라고 할 수 있습니다. 선함, 사랑, 긍휼, 자비, 정의, 창의성, 균형, 자유 등의 총화입니다. 놀랍게도 인간은 이런 것들을 온전하게 경험해 보지 못했음에도 본능적으로 추구합니다. 우리를 만드신 하나님의 흔적이 우리에게 남아 있기 때문입니다. 우리의 갈망은 그 흔적 때문에 일어나고 또 부분적으로 채워지지만, 하나님을 만날 때는 온전해질 것입니다.

예수님은 레위기 19-20장을 인용하면서 거룩함을 온전함으로 바꿔서 말씀하기도 했습니다. 다음을 비교해 읽어 봅시다.

> 너는 이스라엘 자손의 온 회중에게 말하여 이르라. <u>너희는 거룩하라</u>. 이는 나 여호와 너희 하나님이 거룩함이니라(레위기 19:2, 개역개정).

> 그러므로 하늘에 계신 너희 아버지의 온전하심과 같이 너희도 온전하라(마태복음 5:48, 개역개정).

예수님이 언급하신 '온전함'이라는 단어는 신약성경에서 매우 중요합니다. 3장에서 소개했듯이 이것이 우리 구원의 마지막 목적입니다. 하나님은 우리 모두가 그리스도 안에서 온전함에 이르기를 간절히 원하십니다. 우리 삶의 모든 영역, 즉 하나님과의 관계, 자신과의 관계, 공동체와의 관계, 세상과의 관계에서 균형 있게 성장하면, 그리스도의 장성한 분량이 충만한 데까지 이르는 것입니다(에베소서 4:13). 이것이 하나님이 우리를 향해 품고 계신 간절한 마음입니다.[6] 온전함에 이르는 것은 우리 모두가 간절히 바라는 바입니다. 균형 있고, 성숙하며, 깊이 있는 사람이 되고 싶은 소망은 누구에게나 있는데, 인간의 이 본질적 갈망은 하나님만이 만족시켜 주십니다. 하나님은 우리를 온전함과 거룩함으로 초대하십니다.

앞서 소개한 30대 중반의 미혼 청년은 꽤 많은 종류의 쾌락을 탐닉하며 살았던 것 같습니다. 그럼에도 최근 들어 불행함을 느끼고 있었습니다. 대화가 깊어지고 마음이 열리자 그 청년이 솔직한 질문을 던졌습니다. "목사님은 기독교가 진리라고 하시지만, 솔직히 목사로서 사는 삶이 재미없지 않으세요?" 제가 "나도 쾌락을 추구하며 살아"라고 하자 깜짝 놀랐습니다. 저는 일종의 기독교 쾌락주의자 Christian hedonist입니다. 모든 쾌락은 하나님이 주신 것입니다. 하지만 그 쾌락을 본능적으로만 누리면 동물 수준으로 전락합니다. 그리고 쾌락 후에 허무가 뒤따라옵니다. 동물 수준의 쾌락과 만족을 추구하고 경험했기 때문입니다. 하지만 하나님의 방법대로 쾌락을 누리는 법을 익히고 실천하면, 모든 쾌락에서 온전함에 이를 수 있습니다.

---

[6] 그 내용을 제자훈련 자료로 펴낸 책이 《풍성한 삶의 기초》이며, 하나님이 우리를 어떻게 그리스도 안에서 온전함에 이르게 하는지에 관해 설명하고 있다.

4부
새로운 꿈

가령, 맛있는 음식을 먹는 일은 매우 기쁘고 즐겁습니다. 그러나 너무 많은 양을 먹거나 남의 음식을 강탈하면서까지 맛있는 것을 먹으려고 하면 추해집니다. 사람과 사람의 진심이 맞닿을 때 우리는 전율과 쾌감을 느낍니다. 상대에 따라 대화를 나누면서, 가벼운 스킨십으로, 더 나아가 성적 결합을 통해 쾌감을 누립니다. 이때 인격적 관계가 무엇인지에 관한 지식이 없고, 관계의 깊이에 따르는 헌신도 없이 쾌락만 추구하면 동물과 다를 바가 없어집니다. 그 외에도 아름다운 자연, 좋은 음악, 멋진 그림, 박진감 넘치는 운동 경기 등 우리가 온전히 누릴 쾌락은 너무나 많습니다.

그리스도인이 된다는 것은 수많은 쾌락을 제대로 사용하는 법을 배우는 것이기도 합니다. 우리가 아름다운 자연을 바라보며 감격할 때, 맛있는 음식을 먹으며 정겨운 대화를 나눌 때. 운동하고 땀에 흠뻑 젖을 때, 동료들과 함께 멋진 성과를 낼 때, 맡은 일을 열심히 감당하고 몸과 마음이 새로워지는 휴식을 누릴 때, 하나님은 우리 곁에서 미소 짓고 계십니다. 하나님은 우리가 우리에게 허락된 모든 종류의 행복을 온전히 누리기를 원하십니다. 하나님의 온전하심을 추구한다는 것은 무엇보다 하나님의 온전하심을 조금씩 알아 가면서, 삶의 모든 영역에서 그 온전함으로 나아가는 것입니다. 이렇듯 거룩의 궁극적 목적은 하나님을 닮아 가는 것입니다. 우리는 하나님의 형상으로 지어졌으므로, 죄로 훼손된 우리 형상은 삶의 모든 영역에서 다시 온전해져야 합니다.

그러므로 우리는 감히 "거룩해지는 것이 내 야망이다"라고 말할 수 있습니다. 사는 동안 무수한 책을 읽어서 지식을 쌓아도, 선한 일을 아무리 많이 해도, 세상에서 큰 업적을 남겨도, 맡은 과업을 성공적으로 마무리해도, 마지막 날 결국 우리에게 남는 것은 주님을 닮은 모습뿐입니다.

거룩의 영역

마지막으로 "모든 행실"(15절)과 "살아가십시오"(17절)라는 표현에 주목해 봅시다. 거룩은 우리 삶의 모든 영역에서 모든 행실을 통해, 곧 일상생활에서 일어납니다. 예배당이 아닌 식탁과 침실에서, 혼자 있는 시간에, 일하거나 공부하며 대화할 때, 함께 사는 사람들과 씨름할 때 거룩은 일어납니다. 그런 곳들이 거룩을 배우는 장소이며, 그때가 거룩을 연습할 절호의 기회입니다. 거룩을 추구하는 것은 그리스도인의 새로운 생활방식이며, 새로운 습관을 만드는 일입니다. 습관은 반복할 때 형성됩니다. 앞서 살펴봤던 "진리→꿈→삶"에서 이어지는 결과를 상상할 수 있습니다. 삶의 어떤 영역에서 거룩을 반복하면 습관이 됩니다. 그 습관이 쌓여서 인격이 되고, 그 인격으로 살아 낸 결과가 인생이 됩니다.

진리 → 꿈 → 삶(→ 습관 → 인격 → 인생)

하나님은 우리 인생과 인격이 진리에 뿌리내리기를 원하십니다. 진리의 터 위에 세워지기를 바라십니다. 성경은 자주 인생을 농사와 건축에 비유하는데, 뿌리와 기초가 진리 위에 놓여야 함을 강조하는 표현들입니다. 진리를 제대로 이해하면 꿈꾸지 않을 수 없고, 꿈을 꾸면 새로운 습관을 연습하게 됩니다. 그 습관이 모여 인격이 되고, 그 인격에 세월을 쌓이면 인생이 됩니다.

그렇기에 성장하는 사람은 아주 작은 것이라도 새로운 습관을 들이는 사람입니다. 하나님의 온전하심을 향해 성장하는 그리스도인은 신앙생활 초기부터 꿈을 꾸고 그 꿈에 걸맞은 습관을 발전시킵니다. 앞서 언급한 네 영역에서 성장하면서 자기 삶을 가꾸어 나갑니다. 네 가지 영역에서 고르게 성장할 뿐 아니라, 기초에서 시작해 깊은 경지로 나아갑니다. 외면에서부터 다른 사람이 알지 못하는 내면세계까지 아우릅니다. 일반적인 영역부터 좀 더 세밀한 부분까지 변화합니다.

작은 습관의 변화부터 시작해서 점차 삶의 모든 영역에서 하나님의 온전하심을 추구하는 이 과정은, 그리스도인의 삶이 얼마나 역동적이고 풍성한지를 잘 보여 줍니다. 이처럼 기독교 신앙이 단순히 종교적 의무가 아니라, 하나님과의 관계 속에서 끊임없이 성장하고 변화하며 살아 움직이는 것입니다.

하나님에 대해 무지할 때는 욕망에 끌려다녔으나 이제는 그 삶에서 벗어났으니, 거룩을 추구하는 새로운 습관을 들이는 일이 무엇보다 중요합니다. 하나님을 만물의 주인으로 바로 알고, 그 하나님이 지금도 만물을 회복하고 계신다는 사실을 안 사람들, 하나님이 인간에게 자신의 충만함까지 이르라고 말씀하시고 또 간절히 바라신다는 사실을 믿는 사람들, 그들이 바로 "택하심을 입은 자들"입니다.

젊을 때 하나님을 안 사람은 삶의 모든 영역에서 그분을 닮아 가는 놀라운 여정을 시작합니다. 하나님의 진리 위에 인생을 세워 가며, 세상 욕망이 아니라 거룩하신 하나님 아버지를 추구합니다. 그에 걸맞게 "모든 행실"에서 성장과 성숙이 점진적으로 일어납니다. 그리고 나이 들어 하나님을 만난 이들은 하나님 없이 세상 욕망을 따랐던 시행착오를 통해 배운 지혜를 바탕으로 하나님 뜻을 더욱 선명하게 깨닫습니다. 그래서 늦었다고 생각하지 않고 하나님의 진리에 기초해 삶의 모든 영역에서 아버지처럼 온전함에 이르기를 꿈꾸며 순종하는 자녀로서 그분을 닮아 갑니다. 우리는 언제 주님을 만났는지와 상관없이 같은 꿈을 꿉니다. 바로 아버지를 닮아 가는 것입니다!

꿈이 있나요, 어떤 꿈인가요

우리 인생은 값싼 중고차가 아닙니다. 하나님이 행하신 놀라운 진리에 기초해서, 하나님의 큰 역사에 참여하기를 꿈꾸고 소망하며 치열하게 자기 몫을 살아 내고, 삶의 모든 영역에서 하나님이 주신 기쁨을 누리며, 모든 관계가 점점 더 온전해지는 삶을 추구하는, 값어치를 매길 수 없는 소위 슈퍼카 인생입니다. 당연히 하나님을 닮아가는 삶을 슈퍼카에 비교하는 것은 신성모독에 가깝습니다. 하지만 자기 인생을 너무나 헐값으로 치는 이들에게는 적절한 비유가 아닌가 합니다. 우리는 하나님 없는 세상이 주는 소망과는 격이 다른, 예수 그리스도께서 다시 오실 때 가져오실 은혜, 또는 내가 죽음을 넘어갈 때 누릴 그 은혜를 소망합니다. 또한 우리는 살아 있을 동안 하나님 닮기를 바라며 추구합니다. 거룩을 추구하며, 주님이 다시 오실 때나 자신이 죽을 때 찾아올 은혜를 바라봅니다. 우리는 다른 종류의 꿈을 꾸며 살아갑니다.

우리는 때때로 살아갈 이유가 없다고 느끼거나, 자신을 가치 없게 여기거나, 그리스도인으로 사는 일은 너무 지치고 힘들다고 생각합니다. 그리스도인으로서 별반 나아지는 것이 없다는 생각마저 듭니다. 그럴 때마다 우리에게는 돌아가 머물 곳이 있습니다. 바로 예수 그리스도를 통해 얻은 진리입니다. 더 열심히 살려고 애쓰거나, 새로운 프로그램에 참여하거나, 더 간절히 기도하거나, 묵묵히 사역하기보다는 오히려 조용히 그 진리로 돌아가 머물러야 합니다. 우리가 해야 할 일은 하나님이 우리를 위해 예수 그리스도를 통해 이루신 일과 그로 인해 우리가 받은 복이 무엇인지를 묵상하는 것입니다. 그리고 그 진리가 새로 꿈꾸게 하는 것이 무엇인지를 깊이 헤아려 보는 것입니다.

어떻게 사느냐보다 더 중요한 것은 어떤 꿈을 꾸느냐입니다. 그리고 어떤 꿈을 꾸느냐보다 더 중요한 것은 어떤 진리를 품고 있느냐입니다. '주어진 정체성'으로는 꿈꾸기 힘듭니다. 깊은 고민이나 숙고 없이 주어진 정체성이기 때문입니다. 하지만 하나님이 주신 진리를 선명하게 이해하고 그 진리에 머물며 숙고할 때, 우리는 비로소 꿈을 꾸기 시작합니다. 적대적 상황이 아무리 험하고 거칠어도 그 꿈을 무력화하지 못하므로, 그런 사람을 우리는 '확립된 정체성'을 가졌다고 합니다. 하나님이 우리를 택해서 거듭나게 하시고 그에 따르는 놀라운 복을 주신 이유는 세상을 따르지 말고 하나님이 주시는 새로운 꿈을 꾸는, 전혀 다른 종류의 사람이 되기를 바라시기 때문입니다. 하나님을 아는 지식은 하나님의 꿈을 우리에게 심고, 하나님을 닮아 가는 삶을 추구하게 합니다.

4부
새로운 꿈

5.

새로운 삶 1:17-2:3

우리는 꿈이 점점 사라져 가는 시대에 살고 있습니다. 각종 미디어에 오르는 '잘사는 사람들' 모습은 우리 일상과 너무나 다르고, 애초에 기울어진 운동장에서 시작한 많은 이들은 경쟁할 의욕마저 잃은 지 오래입니다. 세상은 번영과 평화를 약속하지만, 그것이 허상임을 우리는 잘 알고 있습니다. 미래가 불투명해지자 젊은이 중 일부는 내일을 계획하기보다 오늘을 누리는 데 집중합니다. 아침에 눈을 뜨면 의무적으로 해야 할 일들이 떠오르고, 하루 종일 마지못해 그 일들을 해냅니다. 노동의 의미는 퇴색하고, 퇴근 후나 주말에라도 재미있게 보내려고 애쓰지만, 특별한 것 없는 하루하루를 반복하고는 합니다. 퇴근하고 의미 있는 시간을 보내겠다고 다짐해도, 결국 이런저런 영상을 보다가 잠들고 또다시 무의미한 하루를 맞는 악순환이 이어집니다.

기꺼이 대가를 치르며

베드로 사도는 이 세상에서 '임시체류자'로 사는 우리가 전혀 다른 삶을 꿈꾸며 살 수 있다고 말합니다. 로마제국의 보호 아래 부와 번영과 안전을 누리던 대다수와 달리, 초대교회 성도들은 임시체류자였습니다. 베드로 사도는 그들에게, 그리고 오늘날 우리에게 새로운 관점을 열어 줍니다. 먼저 '거듭남'이라는 하나님의 선물을 소개합니다. 이 선물에는 '산 소망', '영원한 유산', '한결같은 보호', '믿음의 단련', '온전한 인정'이 담겨 있습니다.

우리는 그 놀라운 선물을 주신 주님을 사랑하며 감격해합니다. 더불어 그 선물이 우리에게 오기까지 일하신 하나님의 긴 역사 속에서 우리의 자리를 발견합니다. 그 진리에 기초해서 우리는 새로운 꿈을 꿉니다. 예수 그리스도께서 가져오실 은혜를 소망하며 상상력이 자라나고, 거룩이라는 새로운 목표를 향해 나아가게 됩니다. 베드로 사도는 이렇게 새로운 꿈을 품은 이들이 새로운 삶을 살게 된다고 말합니다.

  앞서 살펴보았듯이 구원받은 자의 삶에 대한 권면은 다섯 가지 명령으로 이루어져 있습니다. 지난 장에서 앞의 두 명령을 '꿈'이라는 주제로 살폈다면, 이번 장에서는 나머지 세 명령을 통해 그 꿈이 어떻게 '삶'이 되는지 살펴보겠습니다. 여기서 말하는 꿈은 단순한 몽상과는 다릅니다. 몽상은 그저 상상으로 끝나지만, 진리에 기초한 꿈은 대가를 치르며 조금씩 현실이 됩니다.

  나들목교회를 개척하고 섬기면서 가장 기뻤던 일은 성도들이 꿈을 회복하는 모습을 볼 때였습니다. 예수를 믿게 된 많은 이들이 "목사님, 잃어버렸던 꿈을 다시 찾고 있어요"라고 고백했습니다. 그들은 그 꿈을 이루기 위해 기꺼이 대가를 치르는 삶을 선택했습니다. 자신의 집을 열어 작은 공동체를 세우기도 하고, 홀로 사는 이들이 더불어 살아가도록 돕기 위해 시간과 물질을 투자하기도 했습니다. 이런 일이 나들목 공동체의 일상이 되었습니다. 삶터와 일터에서 자신의 노동을 통해 하나님나라를 위해 무엇을 할 수 있을지 고민하며 꿈꾸는 것이 성숙한 성도들의 모습으로 자리 잡아 갔습니다. 빈민 사역, 공동주거 사역, 외국인 사역, 민족화해 사역, 생태환경 사역 등 각자 삶의 자리에서 하나님나라를 드러내려는 구체적인 움직임이 일어나고 있습니다. 이처럼 새로운 꿈은 새로운 삶을 만들어 냅니다.

베드로전서의 핵심 단어 중 하나는 "행실"(1:15, 18; 2:12; 3:1, 2, 16; 참조. 2:7; 3:11)과 동사형 "행하다"(1:17; 2:18)입니다. 특히 1장 15, 17, 18절에 잇달아 등장하는데, 이는 새로운 기대와 추구가 구체적인 삶으로 이어짐을 보여 줍니다. 이제 꿈이 삶이 되는 과정에서 베드로 사도가 제시하는 세 가지 권면을 하나씩 살펴봅시다.

새로운 관점, 경외

먼저, 1장 17-21절부터 살펴보겠습니다.

17 그리고 여러분이 각 사람의 행위에 따라 차별 없이 심판하시는 분을 아버지라 부르고 있으니, 여러분의 임시거류자 시절[1]을

---

[1] τὸν τῆς παροικίας ὑμῶν χρόνον를 "나그네 삶을 사는 동안"(새번역)이나 "나그네로 있을 때를"(개역개정)이라고 번역했으나, 대다수 영어 성경은 "during the time of"로 번역한다. χρόνος는 "시절"로 번역하는 편이 적절하다.

경외심을 가지고 사십시오. **18** 왜냐하면 여러분이 알다시피, 여러분이 조상으로부터 물려받은 여러분의 헛된 행실로부터 구속된 것은 은이나 금과 같이 썩어질 것이 아니라 **19** 흠도 점도 없는 어린양 같은 그리스도의 보배로운 피로 된 것이기 때문입니다. **20** 그는 세상의 기초가 창조되기 전에 미리 아심 바 되셨고, 여러분을 위하여 이 마지막 때에 나타내신 바 되었으니 **21** 그를 통해 여러분은 그를 죽음에서 일으키시고 그에게 영광을 주신 하나님을 믿고 있고, 그리하여 여러분의 믿음과 소망은 하나님께 있습니다.

진리에 기초한 꿈은 먼저 관점을 바꿉니다. 겉으로 드러나는 "행실"에 앞서 세상을 보는 눈이 달라집니다. 많은 사람이 변화하지 못하는 이유는 관점과 가치관은 그대로 둔 채 행동만 바꾸려고 하기 때문입니다. 진리를 알고 그에 따른 꿈을 꾸면 구체적인 관점의 변화가 먼저 찾아옵니다. 베드로 사도는 세 가지 새로운 관점을 제시합니다.

삶을 새롭게 보기

베드로 사도는 17절에서 "임시거류자 시절" 동안 경외심을 품고 살라고 권면합니다. 이는 삶을 바라보는 새로운 관점입니다. 앞서 살폈듯이 임시거류자란 '이중 정체성을 갖고 이 땅에서 살아가는 그리스도인'을 가리킵니다. 우리도 예수 그리스도를 통해 하나님을 믿기 전까지는 눈에 보이는 것이 전부인 줄 알았습니다. 하지만 하나님을 만나고 그분을 통해 세상을 보기 시작하면서는 눈에 보이는 것이 전부가 아니며 영원한 세계가 있음을 깨달았습니다.

"시절"이라는 표현은 임시거류자로 사는 시기가 삶의 한때임을 보여 줍니다. "임시거류자 시절"이 끝나면 '다른 시절'이 온다고 암시합니다. 세상은 끊임없이 하나님이 없는 닫힌 세계관을 강요하면서, 이 세상이 전부이고 그 후는 알 수도 없고, 있지도 않다고 말합니다. 그러니 우리를 안전하고 풍요롭게 하는 것들로 자신만의 요새를 지으라고 부추깁니다. 하지만 하나님을 만난 우리는 이 세상은 잠시 체류하는 곳이며, 우리 삶은 세상에서 한 "시절"을 지내는 것인 줄 알게 되었습니다. 이 세상이 전부가 아니라는 것, 우리 인생은 임시체류자로 잠시 머무는 한 "시절"에 불과하다는 관점이 점점 깊어집니다. 이것이 그리스도인의 삶입니다.

나들목교회를 시작하려고 준비 모임을 하던 2001년 2월에 했던 설교 중 하나를 지금도 많은 성도들이 기억하고 있습니다. "세상에서 가장 아름다운 여행"이라는 제목의 설교였는데, 두 가지 삶의 태도를 대비해서 강조했습니다. 그 두 가지는 바벨탑처럼 자신을 지켜 줄 요새를 짓는 '요새 심리'와 하나님이 이끄시는 대로 때로는 머물고 때로는 떠나는 '장막 심리'였습니다. 세상으로부터 자신을 보호할 요새를 짓지 말고 장막을 들고 하나님의 인도를 따르며 살자고, 그 삶이 가장 아름다운 여행이라는 요지였습니다. 당시에는 그 메시지가 나들목교회의 중요한 이정표가 되리라고 생각하지 못했습니다. 하지만 저를 포함해서 많은 성도의 인생과 교회에 깊은 영향을 미쳤습니다. 18년 동안 자란 교회가 다섯 교회로 나뉘어 각 지역으로 떠날 수 있었던 것도 '장막 심리' 덕분이었습니다. 세상에 정착해 자신을 지켜 줄 요새를 짓지 않고, 주님의 인도를 따라 잠시 머무르며 그분의 뜻을 이루어 가는 삶. 그 시절을 잘 살아 내는 삶! 하나님은 우리에게 "이 땅의 삶이 전부가 아니다. 너희는 나그네이며 영원히 머무를 곳은 따로 있다"라고 말씀하십니다. 세상 사람들은 가질 수 없는, 삶에 대한 새로운 관점입니다.

정체성을 분명히 하기

삶에 대한 관점이 새로워지면 자연스럽게 정체성에 대한 관점도 선명해집니다. 사실 세상의 시선으로 보면 임시체류자라는 신분은 무척 불안정합니다. 그런데 베드로 사도는 임시체류자인 우리가 하나님을 아버지라고 부를 수 있다고 말합니다. 천지를 지으시고 만물을 회복하시는 하나님이 우리 아버지가 되셨으니, 근원적 불안정은 눈 녹듯 사라집니다. 이것이 그리스도인의 감격스러운 정체성입니다. 그런데 안타깝게도 현대 그리스도인들은 교회에서 '하나님 아버지'라는 말을 너무 자주 하고 또 듣다 보니 그 감격이 많이 희미해졌습니다. 특히 어릴 때부터 교회 문화에 젖어서 자란 이들은 그 의미를 깊게 이해하지 못한 채 하나님을 아버지라고 기계적으로 부르곤 합니다. 당신은 어떠신가요? 우리가 하나님이 아버지라는 사실에 깊이 감격하려면, 하나님을 아버지라 부를 수 있기 전의 우리 상태를 돌아봐야 합니다. 18절의 "조상으로부터 물려받은 여러분의 헛된 행실"이라는 말은 인류의 보편적 특성이 어떠한지를 잘 보여 줍니다. 우리 역시 하나님 없이, 세상을 전부라고 믿으며, 세상 사람들이 사는 대로 살았습니다. "조상으로부터 물려받은"이라는 표현은 그 헛된 생활방식이 누구도 피할 수 없는 보편적 속성임을 말해 줍니다.

모든 사람이 하나님 없이, 하나님을 두려워하지 않고 살아갑니다. 그래서 베드로 사도는 이를 "헛된 행실"이라고 부릅니다. 영어 성경은 "헛된"이라는 단어를 "허무한 futile"(NASB, NRS), "목적이 없는 aimless"(NKJ), "공허한 empty"(NIV) 등으로 번역합니다. "헛된 μάταιος"이라는 단어는 신약성경에 여섯 차례 나오는데, 가치가 없거나 헛되다는 뜻입니다.[2] 만물의 중심이신 하나님을 제거해 버리면, 아무리 의미 있고 고귀해 보이는 것도 "헛된" 것입니다. 거듭난 자들은 하나님 없는 삶이 헛된 줄 아는 사람들입

---

2 μάταιος는 신약성경에서 이곳과 사도행전 14장 15절, 고린도전서 3장 20절과 15장 17절, 디도서 3장 9절, 야고보서 1장 26절에 등장한다.

니다. 우리는 허무하고 헛된 삶에서 구속된 자들입니다. "대속"(개정개역)이나 "해방"(새번역)으로 번역된 이 단어는 "구속"이나 "속량"으로 번역하는 편이 더 정확합니다. 노예시장에서 값을 치르고 노예를 사거나 해방시킬 때 쓰는 용어이기 때문입니다.[3] 이어지는 구절에서 "은과 금과 같이 썩어질 것이 아니라"라고 말하는데, 이는 하나님이 세상의 노예였던 우리를 몸값 치르고 사 오셨다는 뜻입니다. 하나님은 세상에서 가장 썩지 않을 것 같은 그러나 여전히 유한한 은과 금이 아니라 "그리스도의 보배로운 피"(19절)로 우리 몸값을 치르셨습니다.

안타깝게도 많은 그리스도인이 누군가가 자신을 위해 엄청난 대가를 치른 사실을 잘 잊습니다. 그로 인해 자신이 전혀 새로운 존재가 되었다는 사실도 잊어버리고 살아갑니다. 그리스도로 말미암아 완전히 변화되었다는 사실을 진정으로 받아들이지 않고 단지 '주어진 정체성'으로만 여기니, 여전히 세상의 기준으로 자신을 바라봅니다. 자신을 부족하고 가치 없는 존재로 여기는 것은 어찌 보면 당연합니다. 잘나고 잘사는 사람들이 너무나 많으니까요. 하지만 이것이야말로 그리스도인에게는 "헛된" 일입니

---

3 동사형 λυτρ■ω(베드로전서 1:18; 누가복음 24:21; 디도서 2:14)와 명사형 λ τρον(마태복음 20:28; 마가복음 10:45)은 신약성경의 속량/구속의 신학에서 중요한 단어이다. 구속이라는 뜻의 πολ τρωσι (누가복음 21:28; 로마서 3:24; 8:23; 에베소서 1:7, 14; 4:40; 골로새서 1:14; 히브리서 9:15, 11:35) 역시 중요한 단어이다.

다. 우리는 해방된 정체성을 가진 사람들입니다. 우리가 똑똑하거나 훌륭해서가 아니라, 그리스도의 피로, 그리스도의 고귀한 사랑으로 해방되었기 때문입니다. 세상의 헛된 행실에서 벗어났고 하나님이 우리 아버지가 되셨으니, 이제는 세상 그 무엇도 우리를 억압할 수 없습니다. 우리는 세상의 종이 아닙니다. 우리는 해방되어 하나님의 자녀가 되었습니다! 천지를 지으신 하나님을 아버지라 부르는 사람, 이것이 우리의 새로운 정체성이며 우리 자신을 바라보는 새로운 관점입니다.

하나님 기준으로 판단하기

자신의 삶과 정체성을 새롭게 바라보게 되면 삶의 기준 또한 자연스럽게 바뀝니다. 18절에서 말하듯 "조상으로부터 물려받은 헛된 행실"은 우리의 과거 기준입니다. 14절의 표현대로 "무지 속에서 전에 따랐던 욕망", 즉 예전에는 세상의 방식과 내가 좋아하는 방식이 삶의 기준이었습니다. 세상과 나 자신이 기준이었고, 그 기준대로라면 끊임없이 불안하고 불만족스럽고 불행할 수밖에 없었습니다. 하지만 하나님을 아버지라고 부르기 시작하면서 우리 기준은 하나님으로 바뀌었습니다. 하나님은 각 사람을 행위에 따라 차별 없이 심판하십니다(17절). 세상의 평가 중에 완전한 것은 없습니다. 회사마다 인사 평가 시기가 되면 모두가 긴장합니다. 공정한 평가란 존재하지 않기 때문입니다. 그러나 하나님은 공정하고 공평하며 공의롭게 심판하십니다. 이런 하나님을 아버지로 삼은 사람은 더 이상 세상의 기준으로 자신을 판단하지 않고 하나님을 기준으로 삼습니다.

하나님을 기준으로 삼는다는 것은 하나님에게 경외심을 갖는 것(17절)입니다. 여기서 경외심은 단순한 공포가 아니라 마땅한 존중에서 오는 두려움입니다. 이는 하나님과 관계를 맺으며 배워 가야 하는 부분입니다. 하나님은 우리의 잘못을 찾아내는 경찰이나 형량을 선고하는 판사가 아니라 친밀한 아버지이십니다. 하지만 우리는 아버지이신 하나님을 마땅히 존중하면서 최고의 권위와 삶의 모든 기준을 그분께 둡니다. 하나님을 삶의 기준으로 둔다는 것은 쉽게 말해 '하나님의 눈치를 보는 것', 즉 하나님을 늘 의식하며 사는 것입니다. 하나님을 얼마나 의식하며 사는지가 영적 건강의 척도가 됩니다. 어린 그리스도인일수록 다른 사람의 평가에는 마음을 졸이면서도, 하나님이 바라보고 계시며 평가하신다는 사실에는 별 신경을 쓰지 않습니다. 삶의 기준이 하나님이 되어 그분을 마땅히 경외하는 사람은 복됩니다!

베드로 사도는 여기까지 설명한 뒤 20-21절에서 갑자기 그리스도에 대해 설명하기 시작합니다. 이는 19절 마지막 단어가 "그리스도의"이기 때문입니다. 그리스도라는 단어에 다시 한번 감격하며 그분의 탁월함을 설명합니다. 논리적으로는 곁가지처럼 보이지만, 보배로운 피를 흘리신 주님의 놀라움을 재차 언급하고 늘 그리스도께로 돌아가려고 하는 모습은 현대 그리스도인들이 본받아야 할 태도입니다. 베드로는 이 두 절에서 그리스도를 하나님 역사의 관점에서 설명합니다. 그리스도는 "세상의 기초가 창조되기 전에" 하나님이 알고 계셨고, 우리를 "위하여 마지막 때에 나타"나셨으며, 우리는 "그를 통해서 그를 죽음에서 일으키시고 그에게 영광을 주신 하나님을 믿고" 있습니다. 예수 그리스도께서 하나님의 거대한 역사라는 흐름 안에서 인간의 역사로 들어오신 사실을 감격에 차서 서술하며, 왜 그의 피가 보배로운지를 설명합니다. 그리스도의 희생은 우리뿐 아니라 삼위 하나님께도 보배로운 것입니다. 하나님은 거대한 역사의 흐름 속에서 일하시며, 그 속에서 우리를 부르십니다. 현대 그리스도인들에게서 자주 보이는 나만의 하나님, 내면의 하나님만을 찾는 경향은 극복되어야 합니다. 결론적으로 21절은 우리의 "믿음과 소망이 하나님께 있다"라고 재확인합니다. 하나님만이 우리 삶의 기준이 되신다는 뜻입니다.

우리의 삶은 하나님과의 관계에서 자연스럽게 파생한 논리적 결과입니다. 하나님과 진정한 관계를 맺기 시작하면 그분이 하신 일을 알아 가게 되고, 인생과 정체성에 관한 새로운 시각과 전망이 생기며, 새로운 꿈을 품게 되고, 새로운 삶의 기준을 갖게 됩니다. 임시체류자로 사는 시절 동안 하나님을 아버지로 부르며 살아가는 자들은 마땅히 경외해야 하는 하나님을 새로운 기준으로 삼습니다.

5부
새로운 삶

새로운 관계, 사랑

구약성경부터 신약성경에 이르기까지 성경은 두 가지 중요한 관계를 말합니다. 하나님과의 관계와 사람과의 관계입니다. 베드로 사도 역시 이 두 가지를 차례로 강조합니다. 먼저, 하나님과의 관계에서 핵심은 하나님 경외이며, 이를 삶의 기준으로 삼으라고 합니다. 그러고는 바로 이어서 사람과의 관계를 어떻게 맺어야 하는지 설명합니다. 세상에서 맺었던 관계와는 전혀 다른 관계, 더욱 깊어져야 할 사랑의 관계를 이야기합니다. 1장 22-25절을 살펴봅시다.

22 여러분은 진리에 순종함으로 영혼을 정결하게 하여 위선적이지 않은 형제 사랑에 이르렀으니, 마음으로 뜨겁게 서로 사랑하십시오. **23** 여러분은 썩는 씨가 아니라 썩지 않는 씨, 곧 살아 있고 항상 존재하는 하나님의 말씀으로 거듭났기[4] 때문입니다.[5] **24** 왜냐하면 "모든 육체는 풀과 같고, 그 모든 영광은 풀의 꽃과 같

---

4 1장 3절에서는 부정과거(aorist)로 번역했는데, 여기서는 현재완료를 사용했다. 전자는 거듭남의 시작점을, 후자는 거듭난 효과의 지속성을 나타내어 대조하고 있다.

5 23절은 분사구로서 22절을 꾸민다. 따라서 22절의 원인이나 이유(causal)로 보는 편이 적절하다.

다. 풀은 마르고 꽃은 떨어지지만, **25** 주님의 말씀은 영원히 항상 존재한다"라고 했기 때문입니다. 이것이 여러분에게 복음으로 전해진 바로 그 말씀입니다.

임시거류자들의 표지

베드로 사도는 나그네들의 삶에 두 가지 표지가 있다고 말합니다. 첫 번째는 "진리에 순종함으로 영혼을 정결하게 하"였다는 것입니다(22절). 여기서 진리란 메시아 예수를 통해 전해진 하나님나라 복음을 뜻합니다. '정결하게 하였다'라는 표현은 18절의 '구속됐다'와 같은 완료 시제로, 하나님이 하신 일이 현재까지 변하지 않고 영향을 미치고 있음을 보여 줍니다. 이는 매우 충격적인 선언입니다. 일반적으로 종교는 정결함에 이르기 위해 끊임없이 노력하지만, 베드로 사도는 이미 '정결해졌다'라고 말합니다. 우리가 실존적 경험으로는 정결해졌다고 '느끼지' 못하더라도, 하나님은 우리를 정결하다고 '보십니다'. 베드로를 포함한 모든 사도가 되풀이해서 선포하는 진리는 우리 속의 변화가 아니라 우리를 위해 하나님이 하신 일입니다. 하나님이 역사 속에서 행하신 일이 지금까지 변치 않고 효력을 발휘하고 있습니다!

이 첫 번째 표지는 하나님이 보시기에 그렇다는 것이므로 내면적 표지라고 할 수 있습니다. 이어서 베드로는 겉으로 드러나는 외적 표지를 말합니다. 바로 "위선적이지 않은 형제 사랑"입니다. 위선이라는 단어는 무대 위에서 하는 연기를 가리킵니다. 따라서 위선적이지 않다는 말은 연기하지 않고 진실하다는 뜻입니다. 이 두 번째 표지는 첫 번째 표지, 즉 진리에 순종하여 영혼이 정결해진 결과입니다. 베드로가 의도했는지는 알 수 없으나, 21절을 "믿음과 소망"으로 마무리하고 22절에서 "사랑"을 언급하는데, 바울이 자주 말했던 믿음, 소망, 사랑이라는 세 요소가 여기서도 발견됩니다.

그리스도인은 하나님을 믿고 완전히 회복될 그날을 소망하기에, 진실로 사랑하는 사람입니다. 세상 모든 사람이 간절히 원하나 갖지도 누리지도 못하는 것이 사랑인데, 우리는 하나님을 통해 그 사랑을 배우기 시작했습니다. 하나님의 은혜로 정결해졌음을 깨달은 이들은 진실하고 솔직하게 사랑하는 법을 배워 갑니다. 비록 온전한 성숙까지는 이르지 못했더라도 진실한 사랑이 무엇인지는 알게 되었고, 믿음이 자라면서 그 사랑은 더 나은 사랑으로 성장해 갑니다. 회심한 사람들이 보이는 공통된 변화 중 하나는 전에는 무관심했거나 심지어 미워했던 사람까지 사랑하고 싶어진다는 점입니다. 자기 같은 사람도 사랑하신 하나님이 그들도 사랑하신다는 사실을 깨달았기 때문입니다. 성도 한 분이 회심하고 난 다음 날 아침에 길거리에서 만난 모든 사람이 다 아름답게 보였다고 고백했습니다. 그리스도인들이 자주 점검해야 할 것은 자기 안에서 새로 시작된 사랑이 더 풍성해지고 깊어지는지, 아니면 줄어들고 좁아지는지입니다. 하나님의 엄청난 사랑을 받은 사람에게서 이웃을 사랑하는 마음이 자라나지 않는다면 심각한 문제입니다. 아마도 "진리에 순종함으로 영혼을 정결하게" 되었다는 사실을 모르거나 믿지 않거나, 내면화되지 않았기 때문일 것입니다. 살아 계신 하나님과의 관계는 반드시 살아 있는 사람과 사랑의 관계를 맺도록 이끕니다.

더욱 깊어지는 사랑

베드로 사도는 진실한 형제 사랑에서 한 걸음 더 나아가 "마음으로 뜨겁게 서로 사랑하십시오"라고 말합니다. "마음으로"라는 말은 진리를 조금 안다고 상대의 부족함이나 잘못을 고치려 들지 말고 공감하라는 뜻입니다. 공감은 잘 듣는 데서 출발합니다. 상대의 말을 진정으로 들어야 그 사람의 마음을 알 수 있고 공감할 수 있습니다. 하지만 약간의 지식과 경험이 있는 사람들은 조금만 들어도 다 아는 이야기라 여기고 귀 기울이지 않습니다. 얕은 지식으로 판단하거나 자기 할 말만 찾지 않고, 먼저 마음을 같이하면, 상대방을 향한 하나님의 마음이 보이기 시작합니다. 그러면 자연스럽게 그 사람을 위해 기도하게 됩니다.

마음에 들지 않아 계속 불편했던 사람을 위해 기도하다 보면 하나님의 마음이 조금씩 내 안에 자리 잡습니다. 그러면 그 사람을 하나님의 관점으로 볼 수 있게 됩니다. 하나님 마음의 작은 조각만으로도 충분합니다. 이는 그리스도인만이 누릴 수 있는 특별한 복입니다. 어디를 가든 우리를 힘들게 하는 사람은 있기 마련이고, 그리스도인답게 살더라도 마주하기 어려운 사람과 관계를 맺어야 할 때가 있습니다. 하지만 주님은 그런 사람을 통해 우리의 사랑이 더 깊어지기를 기대하시는 것 같습니다. 형제 사랑은 이 땅을 살아가는 동안 계속해서 연습하고 훈련해야 할 과제입니다.

그렇다면 "뜨겁게 서로 사랑하십시오"라는 말은 무슨 뜻일까요? 영어 성경은 이 표현을 문자 그대로 "뜨겁게fervently"로 번역하기도 하고(NASB, NKJ), "깊게deeply"(NRS, NIV)로 번역하기도 합니다. "뜨겁게"는 자신의 모든 것을 불사르는 전적인 헌신을 떠올리게 하니 '사랑의 대가를 치르라'라는 뜻으로 이해할 수 있습니다. '깊게'는 피상적 사랑이 아니라, 그 사람을 깊이 이해하고 진정한 필요를 알아차리며 사랑하라는 의미로 읽힙니다. 그리스도인들이 많이 하는 말 중 하나가 "기도할게!"입니다. 그 말을 하고 한 끼 금식하거나 10분 이상 기도한다면 그 진실성을 의심하지 않겠습니다. 하지만 1분도 기도하지 않으면서 말만 한다면 그 말로 인해 우리의 사랑은 오히려 더 차가워지고 겉만 번지르르하게 됩니다. 우리의 사랑은 더 많은 대가를 치르고 더 깊어져야 합니다. 바울 사도의 "기뻐하는 사람들과 함께 기뻐하고, 우는 사람들과 함께 우십시오"(로마서 12:15)라는 말씀과 베드로 사도의 "뜨겁게 서로 사랑하라"는 말씀은 같은 곳을 바라보고 있습니다.

사랑에는 대가가 따릅니다. 코로나19 대유행 같은 전 지구적 재난이야말로 이러한 사랑을 배우고 익힐 수 있는 때였습니다. 모두가 비대면 생활로 위축된 상황에서도 어려운 이웃을 격려할 적절한 방법을 찾아 실천했다면, 그것이 바로 '뜨겁고 깊은' 사랑입니다. 개인적 어려움을 겪는 사람들을 사랑하는 일에는 뜨거움과 깊이가 다 필요합니다. 상대방을 이해하기 위해 깊이 사랑하고, 사랑의 대가를 뜨겁게 치르는 사람이 지금 얼마나 필요합니까? 모두가 자신의 안위만 생각하고 자기 어려움에만 집중할 때, 자신보다 더 어려운 사람들을 사랑하려고 의지적으로 노력하는 것이 바로 "뜨겁게" 사랑하는 것입니다.

진실한 사랑의 비결

이런 사랑은 차원이 다른 사랑입니다. 얕은 처세술이나 처음과 끝이 다른 인간관계가 지배하는 세상에서 진실한 사랑을 한다는 것은 매우 순진해 보이고, 그래서 찾아보기도 힘듭니다. 그런데 베드로 사도는 우리가 이미 진실한 사랑에 이르렀으니 이제 한 걸음 더 나아가 뜨겁게 사랑하자고 합니다. 이런 뜨거운 사랑이 꼭 보답받는다는 보장은 없습니다. 오히려 서로의 미숙함 때문에 마음이 전달되지 않거나 오해를 사기도 하고, 때로는 배신을 당하기도 합니다. 어떻게 이런 사랑을 할 수 있을까요? 베드로 사도는 그 이유를 "우리가 썩지 않을 씨로 거듭났기 때

문"(23절)이라고 말합니다.[6]

　베드로 사도는 "썩지 않을 씨"는 "살아 있고 항상 존재하는 하나님의 말씀"이라며, 이어서 "모든 육체는 풀과 같고, 그 모든 영광은 풀의 꽃과 같다. 풀은 마르고 꽃은 떨어지지만, 주님의 말씀은 영원히 항상 존재한다"라는 이사야 40장 6-8절을 인용합니다. 이 구절은 이스라엘 백성에게 "노역의 때가 끝났고, 죄악이 사함을 받았다.…광야에서 여호와의 길을 예비하라.…여호와의 영광이 나타나리라"(이사야 40:1-5)라고 예언한 직후에 등장합니다. 이사야 선지자는 회복을 약속하시는 하나님의 말씀을 선포했고, 그 약속은 메시아 예수 안에서 실제로 성취됩니다. 이사야 선지자는 "모든 육체는 풀과 같고 그 영광은 풀의 꽃과 같다. 풀은 마르고 꽃은 떨어진다"(24절)라며 인간의 한계를 말한 다음에 그와 대조해 "주님의 말씀은 영원히 항상 존재한다"(25절)라고 선언합니다.

　바로 그 살아 있고 변치 않는 하나님의 약속에 힘입어 우리가 거듭났습니다. 우리의 결단이나 수양이나 초자연적 경험 때문이 아닙니다. 약속하신 바를 신실하게 이루시는 하나님의 뜻에 따

　6　ἀναγεγεννημένοι를 번역할 때, 23절을 22절과 분리해서 번역하거나 (NRS, 개역개정, 새번역), "왜냐하면"으로 시작하기도 하고(NASB, NIV), 분사를 사용해 번역하기도 하는데(having been born again; NKJ), 이때 분사는 이유를 설명하는 것으로 보는 편이 타당하다.

라 거듭난 우리이기에, 거듭나는 복을 받지 못한 세상 사람들과는 다를 수밖에 없습니다. 우리는 이미 피상적 사랑이 아닌 진실한 사랑에 이르렀고, 거기서 머무르지 않고 뜨거운 사랑까지 나아갑니다. 하나님이 오랜 계획과 뜻을 통해 우리를 다른 종류의 사람으로 만드셨으니, 우리가 다른 종류의 사랑을 할 수 있다고 베드로 사도는 선언합니다. 세상 사람들은 누구나 사랑받기를 갈구하지만, 우리는 사랑을 줄 수 있는 사람이 되었습니다. 하나님에게 충분한 사랑을 받았고 그 사랑이 계속 깊어지기 때문입니다. 다시 강조하지만, 이렇게 우리의 사랑이 더 깊어지는 이유는 하나님이 우리를 거듭나게 하셨기 때문입니다. 하나님의 말씀이 영원하다는 것을 넘어, 이사야 선지자에게 하신 회복의 약속이 메시아를 통해 우리에게까지 이루어졌다는 사실을 깨달을 때, 우리를 거듭나게 하신 하나님의 크신 사랑을 알게 되고, 그분을 따라 더욱 깊이 사랑하게 됩니다.

    신앙이 계속 성장하기를 바란다면 사랑만큼 좋은 방법이 없습니다. 사랑의 지경이 넓어지고 깊어지도록 애써야 합니다. 또한 그 사랑의 기초인 진리 역시 깊어지도록, 하나님나라 복음이 내면 깊이 자리를 잡도록 함께 힘써야 합니다. 저는 잠들기 전에 아침부터 만났던 사람들을 돌아봅니다. 그들을 진실하게 사랑했는지, 혹시 내 관점으로 얕게, 대가를 치르지 않고 사랑하지는 않았는지, 심지어 내 목적을 위해 그들을 이용하지는 않았는지 되짚어봅니다. 사랑하기 위해 '허비'한 시간과 재정도 떠올려 봅니다. 가계부를 정산하듯이 하루의 사랑을 돌아보며 사랑받은 것보다 사랑한 것이 더 많으면, 비록 사랑의 가계부는 적자이지만 하나님의 자녀로 괜찮게 살았다는 위안을 얻습니다. 적자가 아니라고 느낄 때는 '내일은 나를 거듭나게 하신 하나님의 거룩한 뜻대로, 더 뜨겁게 사랑하며 살아보자'라고 다짐하며 잠을 청합니다.

새로운 에너지원, 진리

우리가 자신을 하나님의 관점으로 바라보기 시작하고, 그 결과 늘 하나님을 경외하는 새로운 삶의 방식을 익혀서 생활하게 되면, 그리고 진실한 사랑을 넘어 타인을 위해 자신을 내어주는 사랑을 하게 되면 얼마나 다른 삶이 펼쳐질까요? 사실 모든 사람이 그런 삶을 원하나 정작 그렇게 살지 못하는 이유는 그렇게 할만한 에너지가 부족하기 때문입니다. 베드로 사도가 거듭난 사람들이 누리는 다섯 가지 복과 다섯 가지 삶의 원리를 설명하면서, 마지막으로 거듭난 사람들의 새로운 에너지원을 이야기하는 것은 매우 타당하고 또 필요한 일입니다. 이제 2장 1-3절을 살펴봅시다.

1 그러므로 여러분은 모든 악의와 모든 기만과 위선과 시기와 모

든 험담을 벗어 버리고 **2** 갓난아기들처럼 영적이며[7] 순수한 젖을 갈망하십시오. 그리하면 그로 말미암아 여러분이 구원에 이르도록 자라나게[8] 될 것입니다. **3** 여러분은 주님이 인자하시다는 사실을 맛보아 왔습니다.[9]

성장을 주도하시는 분

무엇보다 중요한 것은 우리 하나님 아버지께서 우리가 자라기를 간절히 원하신다는 점입니다. 베드로 사도는 2절에서 우리가 "구원에 이르도록 자라나게 될 것"이라고 말합니다. 수동태여서 번역하기가 쉽지 않지만, "자라나게"의 주어는 분명 하나님입니다. 세상의 헛된 것을 좇던 우리를 하나님 방식대로 살도록 이끄시는 분이 바로 하나님이십니다. 이는 참으로 놀라운 사

---

7 "영적λογικὸν"이라는 단어에는 합리적, 이성적, 말씀의 같은 뜻이 있어서 때로는 "spiritual milk of the word"라고 번역하기도 하나(NASB, NKJ) 이는 과한 번역이다.

8 수동태인 αὐξηθῆτε는 우리말로 옮기기가 쉽지 않고 영어 성경들도 제대로 반영하고 있지 않다. 하지만 "자라나다" 정도로 번역하여 자라게 하시는 주체인 하나님을 암시했다(신적 수동).

9 ἐγεασθε는 부정과거이므로 개역개정과 새번역과 같이 "맛보았다"로 번역했으나, 대다수 영어 성경은 "have tasted"라고 옮긴다. 주님의 선하심을 맛보는 일은 일회성으로 끝나지 않고, 지금 이 순간에도 계속 이어지고 있기 때문이다.

실입니다. 우리를 지으셨고 잘 아시며 누구보다 사랑하시는 그분이, 모든 지혜와 능력의 원천인 그분이 친히 우리를 자라나게 하십니다. 말도 안 되는 비교이지만, 만약 유명한 '피지컬 트레이너physical trainer'가 3개월간 무료로 개인 지도를 해 준다면 우리는 기쁜 마음으로 자랑하고 다닐 것입니다. 그의 지도를 따라 성실하게 운동한다면 3개월 후에는 분명 긍정적인 변화가 있을 것입니다. 몸을 만드는 전문가의 도움으로도 3개월이면 눈에 띄는 변화가 생깁니다. 그런데 베드로 사도는 하나님이 우리 몸뿐 아니라 전인격이 성장하도록 지도하신다고 암시합니다. 하나님은 우리의 '영적 트레이너spiritual trainer'이십니다.

여기서 다시 한번 구원의 역동성을 발견하게 됩니다. "구원에 이르도록 자라나게 됩니다"라는 표현은 이미 살펴보았듯이, 거듭나서 구속된 자들이 점진적으로 성장하여 온전한 구원에 이르게 된다는 뜻입니다. 여기서 말하는 구원은 단순히 심판과 죽음에서 벗어나는 것을 넘어, 우리 속에서 하나님의 형상이 온전해지는 것을 의미합니다. 그리스도의 보혈로 거듭난 자들이 바라는 것은 죽어서 천국에 가는 것만이 아닙니다. 살아서 하나님나라 백성답게, 그 나라의 왕을 닮은 자로 성숙해 가는 것입니다. 그런데 놀랍게도 그 왕이 이 일을 직접 주도하십니다. 이렇게 우리를 구원하시고, 구원 안에서 성장하게 하시며, 마침내 온전한 구원에 이르게 하시는 분이 바로 우리 하나님 아버지, 우리의 영적 트레이너이십니다.

뿌리 깊이
하나님나라

옛 에너지원 버리기

몸을 건강하게 하려면 무엇보다 잘못된 식습관을 바꿔야 합니다. 입에는 달콤하나 몸에는 해로운 에너지원은 멀리해야 합니다. 마찬가지로, 완벽한 영적 트레이너이신 하나님의 도움을 받아 성장하려면 그동안 사용해 온 에너지원을 버려야 합니다. 1절에서 말하는 악의와 기만과 위선과 시기와 험담이 바로 그것들입니다. 그것들을 에너지원이라고 부르는 이유는 분명합니다. 누군가를 향해 악의를 품을 때, 타인을 기만할 때, 위선을 행할 때, 누군가를 시기하고 험담할 때, 사람들은 이상하게도 일종의 쾌감과 희열을 경험하기 때문입니다. 더 놀라운 사실은 그런 행동이 잘못인 줄 알면서도 끌린다는 점입니다. 악의, 기만, 위선, 시기, 험담에는 많은 에너지가 필요할 것 같은데도, 사람들은 홀린 듯이 그런 일들을 어렵지 않게 해내고, 심지어 그렇게 하면서 에너지를 얻습니다.

그 모든 언행의 깊숙한 곳에 자기중심성이 있습니다. 자신의 질투나 욕망으로 '악의'를 품고, 자기 이익을 위해 '기만'하며, 자신을 잘 보이려고 '위선'을 행하고, 자기보다 나은 사람을 '시기'하며, 결국 자신을 부각하려고 타인을 '험담'합니다. 놀랍게도 이 모든 일의 중심에는 '자신'이 있습니다. 자기중심성, 신학에서는 죄성이라고 부르는 그 내적 자세가 하나님을 만나기 전 우리의 주된 에너지원이었습니다. 그런데 예수 그리스도의 보배로운 피로 거듭난 사람은 과거의 에너지원을 벗어 버립니다. 베드로를 비롯해 여러 신약성경 저자들이 '벗어 버리라'라는 표현을 사용합니다.[10] 이 말은 더러운 옷을 벗어 버리는 이미지를 떠올리게 합니다. 순종하는 하나님 자녀가 되었으므로, 주님을 닮지 못하게 막는 자기중심성은 이제 역겨운 것이 되었습니다. 비록 우리 몸은 더러운 옷에 익숙하더라도 더러움을 발견하면 혐오하며 벗어 버립니다. 많은 사람이 잘 성장하지 못하는데, 그 이유 중 하나는 옛 에너지원의 더러움을 정직하게 바라보지 않고, 그래서 벗어 버리지 않기 때문입니다. 우리를 충동질하고 움직이고 조정했던 옛 에너지원을 진실하게 들여다보는 자기 성찰이 무엇보다 먼저 필요합니다.

새 에너지원 누리기

베드로 사도는 옛 에너지원과는 전혀 다른, 새로운 에너지원이 있다고 말합니다. 바로 "영적이며 순수한 젖"입니다(2절). 우리말 성경은 이를 "순수하고 신령한 젖"이라고 번역했는데, 여기서 '로기코스λογικός'라는 형용사는 로고스에서 유래한 말로서

---

10 ἀποτίθημι를 바울 사도는 로마서 13장 12절, 에베소서 4장 22절과 25절, 골로새서 3장 8절에서, 야고보 사도는 야고보서 1장 21절에서, 히브리서 저자는 히브리서 12장 1절에서 사용한다(참고. 마태복음 14:3; 사도행전 7:58).

'말씀에 기초한', '합리적인', '이성적인'이라는 뜻을 담고 있습니다. 영어 성경들은 약간씩 다르게 번역하지만, 로마서 12장 1절의 용례와 비슷하므로 "영적인"으로 번역했습니다. 그렇다면 "영적이며 순수한 젖"은 무엇일까요? '영적'이라는 단어는 진리나 말씀이라는 뜻을 내포하고 있습니다. 베드로 사도가 1장 마지막 25절에서 "주님의 말씀은 영원히 항상 존재한다"라고 하며 "여러분에게 복음으로 전해진 바로 그 말씀입니다"라고 했으므로, 하나님의 말씀을 가리킨다고 보는 편이 타당합니다. 바로 그 하나님의 말씀이 우리의 새로운 에너지원이며, 영적이고 순수한 양식입니다.[11]

흥미롭게도 앞서 옛 에너지원을 '벗으라'라고 했으니 여기서는 대조적으로 '입으라'라는 표현이 자연스러울 텐데,[12] 베드로 사도는 '갈망하라'라는 표현을 씁니다. '사모하다'(개역개정)나 '그리워하다'(새번역)보다는 '갈망하다'가 더 적절합니다. 원어의 뜻이 어린아이가 간절히 엄마 젖을 찾는 모습을 가리키기 때문입니다. 우리는 갓난아기가 젖을 찾듯이 하나님 말씀을 먹기 위

---

11 바울 사도도 "젖"이라는 상징을 사용한다(고린도전서 3:2). 성장을 위한 음식이라는 점은 동일하나, 영적으로 어린 사람을 위한 것이라는 의미라서 베드로 사도의 사용법과는 다르다. 베드로 사도는 성숙한 그리스도인을 포함해서 모든 그리스도인의 영적 음식으로 "젖"을 언급한다.

12 실제로 바울 사도는 '벗어 버리다'와 '입다'라는 표현을 대조해서 사용한다(로마서 13:12; 에베소서 4:22, 24; 골로새서 3:8, 9).

해 애써야 합니다. 그러면 우리 체질은 조금씩 개선될 것입니다.

많은 영양학자와 의학자들이 말하듯이 무엇을 먹는지가 건강을 좌우합니다. 현대인들은 잘못된 식습관으로 온갖 성인병을 달고 삽니다. 그런데 식습관을 건강하게 바꾸는 대신에 해로운 음식을 계속 먹으면서 다른 화학물질인 약으로 병을 치료하려고 합니다. 근본적 대책 없이는 몸이 건강해지지 않듯이, 무엇을 영적 에너지원으로 섭취할지가 매우 중요합니다. 거듭남이라는 놀라운 복을 받고, 새로운 기대와 추구, 새로운 관점과 관계를 지향한다고 해도, 이를 지속할 에너지원을 확보하지 못하면, 우리가 받은 복과 삶의 원리는 모두 힘을 잃고 맙니다.

베드로 사도는 우리가 "주님이 인자하시다는 사실을 맛보아 왔다"(3절)라고 말합니다. 완료형으로 "맛보아 왔습니다" 또는 "지금도 맛보고 있습니다" 둘 다로 번역할 수 있습니다. 맞습니다. 거듭난 사람인 우리는 하나님의 인자하심과 신실하심을 경험했고 지금도 경험하고 있습니다. 인간의 역사 속으로 남루한 몸을 입고 들어오신 하나님, 평범하고 약한 사람들을 찾아가서 있는 그대로 사랑하신 하나님, 그리고 마침내 우리를 위해 자기 아들을 아끼지 않으신 하나님의 인자하심과 신실하심을 맛보며 우리는 눈을 떴습니다. 베드로 사도는 하나님의 인자하심이 한 번의 경험으로 끝나지 않고, 처음부터 지금까지 계속해서 맛볼 수 있다고 말합니다.

실제로 식습관을 바꾸고 몸이 달라지면, 과거에 좋아했던 음식이 더 이상 맛있지 않고 오히려 부담스러워지는 경험을 하신 분이 있을 것입니다. 그처럼 하나님 말씀, 즉 영적인 젖을 갈망하는 습관이 몸에 배어 새로운 에너지원에 길들면, 과거의 에너지원은 더 이상 매력적이지 않게 됩니다. 매일 말씀 묵상과 충분한 기도로 계속해서 새로운 에너지원에 익숙해져야 합니다. 지난 2천 년 기독교 역사에서 하나님의 말씀은 개인과 공동체, 그리고 때로는 사회 변화의 가장 큰 동력이었습니다. 누가는 사도행전에서 이를 "하나님의 말씀이 계속 퍼져 나갔다"(6:7; 12:24; 13:49)라고 표현했습니다. 하나님의 말씀이 없다면 우리는 하나님을 알 수 없고, 그분이 하신 일과 지금 하시는 일, 앞으로 하실 일도 알 수 없습니다. 우리는 하나님 말씀을 통해 하나님이 우리 개인사와 세상사를 어떻게 이끄시는지, 인간을 지으신 창조주의 뜻이 무엇인지를 알게 됩니다. 무엇보다 하나님은 우리를 얼마나 사랑하시는지를 지속적으로, 반복적으로 알려 주십니다. 하나님 말씀이 없었다면 우리는 하나님을 알 수도, 따를 수도, 사랑할 수도 없었을 것입니다.

바로 그 하나님 말씀을 기록한 책이 성경이지만, 성경은 그 자체로 영적 능력이 있는 주술적 책이나 비밀스러운 메시지가 담긴 신비의 책이 아닙니다. 초대교회 성도들이 하나님의 말씀이라고 하는 것은 현재 우리가 가진 성경이 아닙니다.[13] 그들은 구약성경이 증거하는 메시아를 따르는 자들이었습니다. 그들을 거듭나게 한 하나님의 말씀(1:23)과 그들에게 전해진 영원히 존재하는 주님의 말씀, 곧 복음(1:25)은 성경이라는 책 자체가 아니라 성경에 담긴 하나님의 뜻입니다. 그러므로 성경을 읽을 때는 하나님의 말씀을 들으려고 애써야 합니다. 의미도 모른 채 기계적으로 성경을 읽거나, 자신에게 유익한 '약속의 말씀'만 찾아서 읽거나, 더 나아가 자기 생각이나 사상을 뒷받침하려고 성경 구절을 인용하는 모습은 다 하나님의 말씀과 거리가 멉니다. 성경에 나타난 하나님의 뜻을 온전히 분별하려고 애쓰고 이를 전인격적으로 받아들일 때, 진정한 하나님 말씀, 곧 우리를 구원에 이르도록 자라나게 하는 영적이고 순전한 젖이 됩니다.

    40년 넘게 그리스도인으로 살며 많은 사람을 목양하면서, 저는 그리스도인에게 나타나는 공통된 현상을 발견했습니다. 성경을 가까이하는 시간이 많은 사람은 대부분 성장하지만, 그렇지 않은 사람은 결코 성장하지 않는다는 것입니다. '대부분'이라고 한 것은 성경을 가까이하면서도 자기 유익을 위해 잘못된 방식

---

[13] 1장 23절의 λόγος와 1장 15절의 ῥῆμα는 그 뜻의 구별이 무의미하고, 두 단어가 사도행전에서는 교호적으로 여러 번 사용된다. 두 단어가 인간의 말이 아닌 다른 것을 가리킬 때는 대개는 하나님의 말씀, 곧 하나님이 주시는 메시지를 뜻한다.

으로 읽거나 이용하는 사람도 있기 때문입니다. 기독교 2천 년 역사에서 자신의 주장을 옹호하는 데 성경을 끌어들인 사례는 헤아릴 수 없이 많습니다. 하지만 아무리 굳은 마음과 왜곡된 내면을 가진 사람이라도, 성경을 최종 권위로 여기고 자주 읽고 묵상하면 변화하고 치유되는 모습을 보입니다. 반면 아무리 똑똑하고 많은 책을 읽고 자유자재로 논리를 펴는 사람이라도, 성경을 읽고 묵상하며 성경에서 발견한 하나님 앞에 머무는 시간이 적으면 '결코' 성장하지 못하고 온전한 구원에까지 이르지 못합니다. 어느새 자기중심성으로 돌아갈 수밖에 없고, 하나님의 지혜와 능력과 사랑이 아니라 자신의 것으로 세상을 살아가기 때문입니다.

코로나19 대유행이 교회와 그리스도인들에게 준 유익도 있는데, 성경의 중요성을 다시 발견하게 하는 계기가 되었습니다. 모여서 주일 예배를 드리지 못하고 다른 모임들마저 막혔을 때, 성경 읽기와 연구, 필사, 듣기에 평소보다 더 많은 시간을 쏟은 사람들과 공동체가 있었습니다. "영적이고 순수한 젖"을 갈망하는 새로운 습관이 많은 사람에게서 생겨났습니다. 한 번 생각해 보세요. 우리가 하루에 소셜 미디어를 통해 '먹는' 것들이 무엇인지, 어떤 정보를 검색하고 어떤 책을 읽는지, 그에 비해 하나님 말씀을 읽고 묵상하는 시간은 얼마나 되는지. 우리가 정말 하나님의 말씀을 갈망할까요? 아기가 시도 때도 없이 엄마 젖을 찾듯이, 그만큼 간절히 하나님 말씀을 찾을까요? 우리는 수시로 하나님의 말씀을 먹어야 합니다.

처음에는 성경을 읽고 듣고 묵상하면서 "영적이고 순수한 젖"을 누립니다. 하지만 조금 더 성숙해지면 하나님이 지으신 창조세계를 바라보고, 다양한 서적을 읽으며, 세상 속 인간사를 관찰하고 해석하면서도 하나님의 말씀을 자양분 삼아 그 모든 것을 그분 관점으로 소화할 수 있게 됩니다. 성경의 가르침이 몸에 배면 우리의 시각이 변화하고 해석 능력이 강화됩니다. 그때는 단순히 성경을 읽는 데서 그치지 않고, 성경 속에서 하나님의 말씀을 이해하고, 더 나아가 세상 속에서 하나님 말씀대로 사는 데까지 성숙합니다. 주님은 우리 모두가 그러한 성숙에 이르도록 인도하십니다. 이를 위해서는 가장 먼저 성경과 함께하는 절대 시간을 확보해야 합니다. 그렇게 옛 에너지원을 벗어 버리고 새로운 에너지원으로 우리 몸과 마음이 바뀌고 나면, 새로운 에너지원에 의지해서 모든 것을 보고 해석하고 살아갑니다. 그때 우리는 "말씀은 살아 있다"라는 표현에 전적으로 동의하게 됩니다.

하나님의 꿈이기 때문에

2002년 월드컵 때부터 "꿈은 이루어진다!"라는 말이 유행하기 시작했습니다. 그해 우리는 기적처럼 월드컵 4강 신화를 이루었습니다. 그러나 그 후 월드컵 때마다 같은 문구의 플래카드를 걸고 응원하지만, 4강 문턱에도 가 보지 못했습니다. 꿈이 정말 이루어질까요? 온 국민이 간절히 소원한다고 그 꿈이 이루어질까요? 꿈을 간직하고 열심히 노력하면 어느 정도까지는 진보하겠지만, 우리가 바라는 모든 꿈이 이루어지지는 않습니다.

하지만 진리에 기초한 꿈은 이루어집니다. 인간과 만물을 지으신 하나님은 우리를 향한 놀라운 계획을 갖고 계십니다. 한 사람 한 사람을 위한 계획만이 아니라, 인류 사회 전체를 향한 계획도 있습니다. 그 놀라운 이야기가 성경에 기록되어 있습니다. 우리가 하나님의 진리에 기초해 새로운 꿈을 꾸기 시작한다면, 그 꿈은 반드시 이루어집니다. 하나님의 꿈이기 때문입니다.

베드로 사도는 척박한 현실 속에서 이리저리 위축된 채 '임시 체류자'로 살아가는 이들에게 새로운 기대와 새로운 추구, 새로운 관점, 새로운 관계, 새로운 에너지원을 제시합니다. 이어서 새로운 꿈이 생기게 하고, 새로운 삶을 살게 합니다. 지난 2천 년 동안 거듭남의 신비를 간직한 사람들은 그 놀라운 꿈을 꾸었습니다. 그들의 삶의 자리는 녹록지 않았으나, 그리 눈에 띄는 존재도 아니었으나, 자신들의 삶에서 그 꿈이 이루어지는 경험을 했습니다. 하나님의 진리는 우리로 하여금 하나님의 꿈을 꾸게 하고, 그 꿈은 우리에게 새로운 삶을 선물합니다.

5부
새로운 삶

6.

새로운 집 $^{2:4-10}$

벌써 오래전 이야기네요. 2000년대 초반에 《거대한 체스판》이라는 책을 접했습니다.[1] 저자인 브레진스키는 폴란드 출신 정치인으로, 지미 카터 미국 대통령의 안보 보좌관을 거쳐 국가안전보장국 사무국장을 지낸 인물입니다. 책 첫머리에 "미래의 세상을 만들어 나갈 학생들에게"라는 헌사가 있습니다. 여기서 그는 미국이 세계 패권을 향후 30년 정도는 유지하겠지만 그 이후는 불확실하다고 진단했습니다. 패권을 계속 유지하려면 유라시아 대륙을 체스판처럼 보고 전략을 짜야 한다고 주장했습니다. 한 개인이 세계 정세와 미래를 체계적으로 분석해 국가 전략을 제시하는 것도 놀라웠지만, 더욱 충격적인 것은 이런 패권 전략을 미국의 차세대 지도자들에게 전하려 한다는 점이었습니다.

문득 저자가 한국을 어떻게 바라보는지가 궁금했습니다. 아쉽게도 한국은 잠시 등장합니다. 6장에서 중국과 일본을 중심으로 극동아시아 전략을 다루는데, 한국은 중국과 일본의 관계를 조율하는 전략지 정도로만 언급하고 지나갑니다. 체스판이 아니라 장기판에 비유하자면, 한국을 '졸' 정도 역할로만 파악하고 있었습니다. 물론 책이 쓰일 당시에 비해 우리나라는 괄목할 만한 성장을 이루었습니다. 저자가 지금 다시 책을 쓴다면 한국에 더 많은 지면을 할애할지도 모릅니다. 하지만 현재 국제 정세를

---

1 즈비그뉴 브레진스키, 《거대한 체스판》(삼인, 2000).

살펴보면 한국이 온전한 주권 국가의 위상을 확립했다고 보기 어려울 때가 많습니다. 여전히 졸의 위치에서 벗어나지 못한 것 같아서 안타깝기만 합니다.

나는 그저 나 하나일 뿐인가

전체 세계 구도에서 한국이 졸의 위치에 있다면, 한국 사회에서 졸로 살아가는 개개인은 어쩌면 졸 중의 졸, 즉 '쫄'에 불과할지도 모릅니다. 문명이 발전하고 세계화가 진행될수록 개인의 존재감은 더욱 희미해지는 것 같습니다. 산업화와 도시화 이전에 우리 삶은 단순했습니다. 자신이 사는 마을과 인근이 우리 세상의 전부였고, 그 안에서 최선을 다해 살면 그만이었습니다. 하지만 지금은 전 세계 소식을 실시간으로 접하면서 세상이 얼마나 거대한지 실감하게 됩니다. 이런 거대한 세상 앞에서 한 개인이 자신의 존재 의미를 찾기란 쉽지 않습니다. 아이러니하게도 이렇게 '쫄'에 불과하다는 자의식이 현대인을 더욱 개인주의적으로 만드는 것 같습니다. 거대한 세상 속에서 느끼는 무력감이 오히려 자신만을 생각하며 살게 만드는지도 모릅니다.

그래서 우리는 이렇게 질문하게 됩니다. 이 거대한 세상을 어떻게 이해해야 하는가? 그리고 그 속에서 살아가는 미미한 존재인 '나'의 존재 의미, 삶의 의미는 무엇인가? 특히 메시아 예수께서 시작하신 하나님나라 백성이 된 그리스도인은 이 거대한 세상에서 '임시체류자'로 살아가면서 자신의 정체성과 삶의 의미를 묻지 않을 수 없습니다.

베드로 사도는 베드로전서 2장 4-10절에서 이 중요한 질문에 답합니다. 이 본문은 베드로전서의 신학적 기초를 다룬 1장 3절-2장 10절의 마지막 결론 부분입니다. 베드로 사도는 먼저 거듭남이라는 놀라운 복과 그에 따른 감격과 역사의식을 이야기했고(1:3-7, 8-12, 이 책의 2장과 3장), 그 복을 받은 사람들의 다섯 가지 새로운 삶의 원리를 설명했습니다(1:13-2:3, 이 책의 4장과 5장). 그러고 나서 2장 4-10절에서 우리가 누구인지, 세상을 어떻게 보아야 하는지, 그 안에서 우리의 역할이 무엇인지를 설명합니다. 지금까지 개인이 누리는 복에 초점을 맞췄다면, 이제부터는 하나님의 거대한 계획 속에서 우리가 어떤 존재인지를 전합니다. 이렇게 2장 4-10절은 베드로전서 앞부분의 중요한 신학적 가르침(1:1-2:3)과 뒷부분의 실제적 권면(2:11-5:14)을 이어 주는 역할을 합니다.

4 사람에게는 거절되어 왔지만[2] 하나님께는 택하심을 받은 보배로운 산 돌이신 그에게 나아와서 **5** 여러분도 산 돌들로 영적인 집

---

2 4절의 ἀποδεδοκιμασμένον(현재완료형)이 7절에서는 부정과거인 점을 반영했다.

6부
새로운 집

으로 건축되어 가는데³ 이는 거룩한 제사장들이 되어 예수 그리스도로 말미암아 하나님께서 받으실 만한 영적인 제사를 드리기 위함입니다. **6** 성경에 기록되었으니, "보아라, 내가 택하심을 받은 보배로운 모퉁이 돌을 시온에 두니, 그를 믿는 자는 부끄러움을 당하지 않을 것이다." **7** 그러므로 믿는 사람들인 여러분에게는 보배이나, 믿지 않는 사람들에게는 "건축하는 자들⁴이 거절했던 돌이 바로 모퉁이의 머릿돌이며" **8** 또한 "걸리는 돌과 넘어지게 하는 바위"입니다. 그들이 말씀에 순종하지 않아 걸려 넘어지니 이 또한 이들에게 그렇게 정해진 것입니다. **9** 그러나 여러분은 택

---

3 οἰκοδομεῖσθε는 동사로 사용되었고, 7절에서는 분사로 사용되어 명사 역할을 한다. 두 단어를 개역개정은 "세워지고"와 "건축자"로 번역하여 본문이 갖는 이미지를 잘 드러내지 못했고, 새번역은 일관성이 있게 "집 짓는 데 사용되어"와 "집 짓는 자"로 번역했으나, 전자의 신적 수동태(건축되다)를 잘 드러내지 못하는 아쉬움이 남는다.

4 1장 1절의 주를 참조하라.

하심을 받은 족속이며, 제사장 나라[5]이며, 거룩한 족속이요, 하나님의 소유가 된 백성입니다. 그리하여 여러분은 여러분을 어둠으로부터 그의 놀라운 빛으로 불러내신 분의 덕을 선포하는 것입니다. **10** 전에는 여러분이 백성이 아니었는데, 이제는 하나님의 백성이며, 전에는 긍휼을 얻지 못하더니, 이제는 긍휼을 얻게 되었습니다.

두 세계

베드로전서 2장 9절은 아마도 이 서신에서 가장 많이 알려진 구절일 것입니다. 하지만 이 아름답고 귀중한 9절을 온전히 이해하려면 2장 4-10절 전체를 살펴보아야 합니다. 베드로 사도

---

5 βασίλειον ἱεράτευμα는 구약성경 출애굽기 19장 6절에 나오는 מַמְלֶכֶת כֹּהֲנִים(나라[명]+제사장[명])의 70인 역을 베드로 사도가 인용한 것이다. 이를 영어 성경은 a kindom of priests(NLT, NJB), 또는 royal priesthood(NASB, NKJ, NRS, NIV)로 번역했다. 제롬이 불가타 성경에서 regnum sacerdotale(priestly kingdom)라고 번역한 영향을 받은 듯하다. 하지만 여기 등장하는 네 표현이 모두 '명사+형용사'이고, 베드로전서는 70인역을 인용하고 있으며, 구약성경 원문(MS)도 같은 순서이다. 2장 5절과의 관계를 고려할 때, "제사장들의 나라"나 "제사장 나라"로 번역하는 편이 타당하다. 이 같은 번역은 개역개정과 새번역이 이 구절의 인용 출처인 출애굽기 19장 6절을 번역한 방식이기도 하다.

는 이 본문을 쓰면서 거대한 두 세계를 마음에 그리고 있습니다. 우리가 이 두 세계를 제대로 읽어 낼 때, 본문의 의미가 더욱 선명해지고 이 세상에서 우리가 살아가는 의미도 더욱 분명하게 드러납니다.

두 건축가의 두 집

우리가 개역개정이나 새번역으로 베드로전서 2장 4-10절을 읽을 때는 잘 드러나지 않는 중요한 단어가 있습니다. 바로 '오이코도메오 οἰκοδομεω'인데, '짓다' 또는 '건축하다'라는 뜻으로 5절과 7절에 등장합니다. 이를 개역개정은 "세워지고"와 "건축자"로, 새번역은 "집 짓는 데 사용되어"와 "집 짓는 자"로 번역했습니다. 반면 영어 성경은 "being build"와 "builders"로 일관되게 번역하여 본문의 의미를 더 정확하게 전달합니다. 5절 "건축되어 가는데"는 수동태로 쓰였는데, 주어가 드러나지 않습니다. 이는 '신적 수동태'로서 이 집이 하나님에 의해 건축되고 있음을 암시합니다. 반면 7절 "건축하는 자들"은 예수 그리스도를 거절한 이들이 세상의 집을 짓고 있음을 보여 줍니다. 같은 단어가 한 번은 수동태 동사로, 또 한 번은 명사 역할을 하는 분사 형태로 쓰였습니다. 이를 통해 두 건축가가 각각 다른 집을 짓고 있음이 드러납니다. 하나님이 지으시는 "영적인 집"과 세상의 건축가들이 짓는 "세상의 집"이 바로 그것입니다.

베드로 사도와 그의 수신자들이 살았던 로마제국은 지중해 연안은 물론이고 유럽 중남부와 유라시아 대륙에까지 걸쳐 있었습니다. 로마제국은 모든 도시에 웅장한 신전과 공공건물을 세우고, 도시들을 하나로 잇는 도로망을 건설하며 그 위용을 과시했습니다. 말 그대로 제국의 면모를 한껏 드러내고 있었습니다. 대다수 사람은 자신이 태어난 마을에 살면서 로마가 세운 도시들에 관한 소문을 듣곤 했습니다. 그런 도시들을 통해 드러나는 제국의 위세에 경이로움을 느꼈겠지요. 실제로 로마를 방문할 기회를 얻은 소수는 더욱 충격적인 경험을 했을 것입니다. 자신들이 살던 마을은 물론, 자랑스럽게 여기던 도시조차 로마의 규모와 거대한 건축물들에 비하면 초라해 보였을 테니까요. 하지만 베드로 사도는 이렇게 선언합니다. 눈앞에 보이는 그 거대한 세상이 전부가 아니라고. 오히려 눈에는 보이지 않지만, 산 돌이신 예수를 중심으로 하나님이 '영적인 집'을 지어 가고 계신다고 선언합니다.

인류 역사를 살펴보면, 세상을 움직이는 주체가 시대마다 다양하게 등장했습니다. 왕정이든 공화정이든 정치 지도자들이 세상의 주역이었고, 자본주의가 득세한 후에는 금융가들이 세상을 좌우하는 듯 보입니다. 이제는 기술이 급속도로 발전하면서 새로운 비즈니스를 창출하는 젊고 유능한 개발자들이 세상의 주도권을 쥔 듯합니다. 우리가 사는 세상은 권력, 자본, 기술이라는 거대한 힘에 의해 지어져 가는 것 같습니다. 베드로 사도 때

6부
새로운 집

의 성도들이 로마제국의 위세에 위축되어 하나님의 관점을 잃어버렸듯이, 오늘날 성도들도 자신을 둘러싼 세상에 포박당했다고 느끼며 살아갑니다. 어쩌면 그마저도 못 느낀 채, 눈에 보이는 세상, 권력과 자본과 기술이 휘두르는 위세가 전부라고 생각하며 살아가는지도 모릅니다. 하지만 베드로 사도는 단호하게 말합니다. 우리를 압도하는 이 세상이 전부가 아니라고. 하나님과 세상 건축가들, 두 다른 건축가가 각자의 집을 짓고 있다고 분명하게 밝힙니다.

하나님이 짓고 계신 영적인 집

두 집의 가장 큰 차이는 예수 그리스도를 어떻게 받아들이는지와 연관됩니다. 그리스도는 이 땅에 오시고부터 계속해서 사람들에게 거절당해 왔고(4절), 지금도 여전히 그렇습니다. 베드로 사도는 예수 그리스도를 "보배로운" 산 돌이라고 표현하면서, "보배로운"을 특히 강조합니다. 어떤 이들에게 예수는 거절과 기피 대상이었지만, 하나님과 우리에게는 보배로운 분입니다. 하나님에게 예수님은 그 존재 자체가 보배로웠는데, 그가 피조물 중의 하나가 되어서 세상을 구원하기 위해 죽기까지 했으니 얼마나 더 보배로웠을까요? 우리 역시 메시아 예수로 말미암아 하나님의 자녀가 되어 거듭났으니, 우리에게 이보다 더 보배로운 분이 어디 있을까요?

보배로운 예수님은 하나님이 지으시는 영적인 집의 중심이 되십니다. 7절의 "모퉁이의 머릿돌"은 영어로 'cornerstone'입니다. 일부 학자는 건물 꼭대기에 올리는 'capstone'이라고 주장하지만, 현재는 대부분 'cornerstone'이라는 해석에 동의합니다. 일반적으로 생각하기에 모퉁이 돌은 건물 구석에 있는, 그다지 중요해 보이지 않는 돌입니다. 하지만 팔레스타인 지역의 건축에서 이 돌은 가장 중요한 기초였습니다. 이 돌을 먼저 놓고 그것을 중심으로 집을 지었기 때문입니다. 건물의 모든 부분이 이 돌과 줄을 맞춰야 했습니다. 그래서 모퉁잇돌은 당시 건축물에서 가장 중요한 부분이었습니다. 결국 세상 건축가의 집과 하나님이 지으시는 집을 가르는 기준은 예수 그리스도를 어떻게 받아들이느냐입니다. 무가치하다고 여기며 거절하는가, 아니면 중심이자 기초 역할을 하는 보배로 여기는가, 이것이 두 집을 가르는 결정적 차이입니다.

영적인 집의 머릿돌을 "산 돌"이라고 부르는 것은 매우 의미심장합니다. 당시는 물론이고 콘크리트와 철근이 사용되기 전까지, 돌은 건축 재료 중 가장 견고하고 흔들리지 않는 것이었습니다. 지금까지 남아 있는 고대 유적이 모두 돌로 만들어진 것도 이 때문입니다. 예수 그리스도를 '돌'에 비유한 까닭은 그분의 견고함과 변치 않는 속성 때문입니다. 그런데 베드로 사도는 여기서 한 걸음 더 나아가 그 머릿돌을 "산 돌"이라고 표현합니다. 메시아 예수는 십자가에서 죽음으로 그의 사명을 다하고 사라

6부
새로운 집

진 분이 아니라, 오히려 부활하셔서 지금도 살아 계신 분이라는 뜻입니다. 지금 이 순간에도 하나님이 짓고 계신 영적인 집에서 가장 중요한 역할을 하고 계시는, 살아 있는 돌입니다.

놀랍게도 베드로 사도는 우리도 "산 돌들"이라고 칭합니다. 이는 예수 그리스도께서 지니신 견고한 성질을 우리도 똑같이 가지고 있으며, 우리 역시 예수 그리스도처럼 살아 있는 존재라는 뜻입니다. 우리가 살아 있는 존재로서 산 돌이신 예수님과 연결되었다는 것은, 영적인 집이 일종의 살아 있는 유기체라는 사실을 보여 줍니다. 얼마나 놀라운 그림인가요? 부활해 살아 계신 돌이신 주님께 나아가 우리도 감히 같은 재질이 되어, 하나의 살아 있는 유기체, 흔들리지 않는 견고한 공동체로 지어지고 있습니다! 세상은 산 돌이신 예수 그리스도를 거절하고 자신들의 집을 짓고 있지만, 하나님은 영적인 집을 지으면서 이 세상에 잠시 체류하는 우리를 그 일에 참여시키고 계십니다.

여기서 주목해야 할 표현은 "그에게 나아와서"입니다. 현재형으로 쓰여서, 예수께 나아가는 일이 과거의 일회성 행위가 아니라 지속적인 행동임을 보여 줍니다. "예수께 지속적으로 나아와서"라고 번역해도 좋을 만큼 계속성을 강조하는 표현입니다. 그런데 기독교의 가르침이 교리화되면 세례나 고백을 통해 한 번 구원받으면 구원을 잃지 않는다는 구원의 확실성을 지나치게 강조하는 경향을 보입니다. 하지만 성경은 하나님과의 관계는 인격적이므로, 과거의 고백이나 체험보다 현재의 관계가 더 중요하다고 거듭해서 말합니다. 이는 모든 인격적 관계의 특징이기도 합니다. 어떤 인격적 관계든 과거의 관계가 소중하지만, 그것이 현재의 관계를 보장하지는 못합니다. 친구 관계이든 부부 관계이든 지속적으로 "나아가는" 일이 없다면 메마르고 때로는 죽은 관계가 될 수 있습니다. 살아 있는 돌인 예수께 우리가 산 돌들로서 지속적으로 나아간다는 것은 두 가지를 의미합니다. 하나는 우리가 유기체로 예수 그리스도께 연결되는 일에는 멈춤이 없다는 것이고, 다른 하나는 하나님도 산 돌이신 예수 그리스도와 산 돌들인 우리를 통해 영적인 집, 즉 단단한 유기체적 공동체를 지으시는 일을 멈추신 적이 없다는 것입니다. 하나님은 지금도 예수 그리스도를 중심으로 살아 있는 공동체를 지어 가고 계십니다.

코로나19 대유행 때 많은 교회의 활동과 예배가 중단되고 신앙생활도 느슨해졌습니다. 하지만 이런 위기 상황일수록 우리는 더욱 산 돌에게로 나아가야 합니다. 세상 건축가들이 짓는 세상이 위기로 흔들리고, 모든 것을 보장해 줄 것 같던 견고한 세상이 혼란에 빠질 때야말로, 산 돌이신 예수께 더욱 가까이 나아가야 할 때입니다. 감염병 대유행 같은 위기 상황은 세상 건축가들이 지은 집들이 서로 얽혀 있다는 것과 그들이 짓고 있는 집이 얼마나 허약한지를 분명히 보여 주었습니다. 이런 위기의 때야말로 산 돌이신 그리스도와 연결된 산 돌들이 자신의 정체성을 분명히 하고, 하나님이 세우시는 영적인 집에 대한 비전을 더욱

6부
새로운 집

선명히 할 때입니다. 만약 하나님이 지으시는 영적인 집을 바라보는 눈을 잃어버리면, 세상 건축가들이 짓는 집을 전부라고 여기다가 각종 위기가 닥칠 때마다 허둥지둥할 것입니다. 하지만 산 돌을 발견한 산 돌들은 알고 있습니다. 세상 건축가들이 약속하는 안전과 번영이 얼마나 허약한지를.

두 세계의 마지막

베드로 사도는 하나님이 짓는 집과 세상 건축가들이 짓는 집의 상반된 결말을 보여 줍니다. 세상 건축가들은 예수 그리스도를 믿지 않아 부끄러움을 당할 것이며(6절), 더 나아가 그들이 버린 예수 그리스도가 오히려 그들에게 걸림돌이 되고, 그들을 넘어지게 하는 바위가 될 것입니다(8절). 이는 하나님 없이 인간의 영광과 권력을 중심으로 세워진 모든 것들이 결국에는 무너지고 사라진다는 말씀입니다. 《위대한 체스판》 1장에서 다룬 제국들의 흥망성쇠가 이를 잘 보여 줍니다. 역사 속에 등장한 모든 제국이 결국 몰락했습니다. 브레진스키는 현재 패권국인 미국도 30년을 버틸 수 있을지 의문이라며 다음 세대 지도자들에게 경고했습니다. 그로부터 약 20년이 지난 지금, 그는 이어지는 저

작들을 통해[6] 미국이 패권을 계속 유지할지, 아니면 다른 나라들과 동등한 위치에서 그들을 이끌어 갈지를 선택해야 할 시점에 왔다고 말합니다. 이는 상황이 20년 전과는 크게 달라졌음을 시사합니다. 이제는 미국이 패권을 계속 유지할 것이라고 믿는 사람이 많지 않습니다. 영원할 것만 같았던 미국도 모든 면에서 과거의 영광을 잃어 가고 있습니다. 미국이 전 세계를 지배하는 '일극체제'에서 몇 개의 강대국이 세상을 지배하는 '다극체제'로 변화할지도 모릅니다.[7]

세상 건축가들이 짓는 집은 결국 무너지기 마련이며, 흥망성쇠를 피할 수 없습니다. 그리고 그 집의 방식대로 살아가는 사람들도 그 집과 함께 흥망성쇠의 길을 걷게 됩니다. 세상 건축가들이 추구하는 가치와 방법을 영민하게 파악해서 잘 적용하면 이 세상이 약속하는 부와 영광을 누릴 수 있을지 모릅니다. 하지만 그렇게 살 수 있는 사람은 극소수에 불과하며, 그들마저도 이 세상이 "넘어질" 때는 자신의 삶을 "부끄러워하게" 될 것입니다. 우리가 사는 세상이 여러 문제를 안고 있다는 사실을 깨달은 사람도 더러 있습니다. 하지만 세상의 주류에 맞서거나 대체할 만

---

6 즈비그뉴 브레진스키, 《제국의 선택》(황금가지, 2004), 《미국의 마지막 기회》(삼인, 2009).

7 파리드 자카리아, 《흔들리는 세계의 축:포스트 아메리칸 월드》(베가북스, 2008). 아미타브 아차리아, 《세계질서의 미래》(명인문화사, 2016).

한 대안을 찾기가 어려워 대개는 대세를 따릅니다. 드물게 세상 건축가들의 가치관과는 다른 자신만의 가치관으로 '작은 세상 건축가'가 되어 자기 인생이라는 집을 짓는 사람도 있습니다. 하지만 그 길 역시 만만치 않습니다. '더 큰 세상 건축가들'의 영향력을 한 개인이나 소수가 이겨 내기란 매우 어렵기 때문입니다.

이와 대조적으로, 산 돌에게 나아온 산 돌들은 베드로 사도가 선언하듯이 하나님이 지으시는 영적인 집이 되어 갑니다. 이어서 베드로 사도는 이 영적인 집의 존재 이유를 분명히 밝힙니다. 산 돌에게 나아온 산 돌들에게는 거룩한 제사장이 되어 영적 제사를 드리려는 목적이 있습니다(5절). 이 구절은 우리에게 놀라운 진리를 알려 줍니다. 우리가 모두 제사장이라는 사실입니다. 이는 종교개혁의 핵심 진리 중 하나인 '전 신자 제사장priesthood of all believers'입니다. 당시에는 기독교 국가에서 태어난 사람들만을 대상으로 해서 '만인 제사장'이라고 칭했으나 정확히는 '전 신자 제사장'입니다. 베드로 사도는 목회자만이 아니라 우리가 모두 제사장이라고 선언합니다. 산 돌에게 나아온 모든 산 돌, 곧 모든 성도가 제사장입니다. 제사장은 자신이 먼저 하나님을 예배하며, 다른 이들도 하나님을 예배하도록 돕습니다. 하나님을 먼저 알아 가며 다른 이들에게 그분을 알려 주는 사람이 바로 제사장입니다. 목회자는 성도들이 제사장의 정체성과 역할을 깨닫고 그 역량을 갖추도록 돕는 사람입니다(에베소서 4:11-12). 그러나 오늘날 천주교, 정교회, 개신교를 막론하고 성도가 제사장이라고 가르치는 교회는 드물며, 성도들이 제사장의 역량을 갖추도록 돕는 교회는 더더욱 찾기 어렵습니다. 예수님이 원하신 교회의 모습은 모든 성도가 자신이 제사장임을 알고 그 역할을 감당하는 것이었습니다. 하지만 안타깝게도 목회자만이 제사장직을 독점하고, 성도들은 단순히 그들의 종교적 서비스를 받는 사람으로 전락했습니다. 이는 한국뿐 아니라 전 세계 기독교의 문제입니다. '전 신자 제사장'을 외쳤던 개신교조차 교회론에서는 천주교의 사제-평신도 개념으로 퇴보했습니다.

성도 제사장들로 이루어진 영적인 집의 가장 중요한 역할과 존재 이유는 "하나님이 받으실 만한 영적 제사"를 드리는 것입니다. 이러한 예배는 오직 예수 그리스도로 말미암아 가능합니다. 베드로와 바울은 우리가 예수님 없이는 감히 하나님을 예배할 수 없음을 분명히 알았습니다. 그래서 "예수 그리스도로 말미암아"라는 표현을 자주 사용했습니다. 구약 시대의 제사는 하나님이 택한 백성들이 구별된 삶을 살면서 하나님 앞에 나아가 그분께 사랑과 충성을 표현하는 특권이었습니다. 우리는 예수 그리스도를 통해 하나님 앞에 나아가 예배를 드리고 그럼으로써 그분과 연결되어 그분에게서 생명을 얻고 진리를 깨닫습니다. 그리고 그분의 온전한 사랑을 받아 누립니다. 더 나아가, 깨달은 진리와 받아 누리기 시작한 사랑에 힘입어 예수 그리스도를 닮아갑니다. 이것이 바로 삶으로 드리는 예배입니다(로마서 12:1). 우리의 삶이 변화하면 누구보다 아버지 하나님이 기뻐하십니다. 부모는 자녀가 성장해서 자기 몫을 잘 감당하고, 부모와 인격적으로 깊이 유대하면서 부모의 철학과 가치를 이어받아서 발전시키면 자랑스럽고 행복을 느낍니다. 하나님 아버지도 마찬가지입니다. 그런데 삶을 변화시키는 예배가 우리 삶에서 사라지면, 사실상 하나님을 모르는 사람과 다를 바 없어집니다. 결국 '세상의 큰 건축가들'에 휘둘리거나 스스로 '작은 건축가'가 되어 제한된 자원으로 결국은 허물어질 집을 지으며 힘겹게 살게 됩니다. 따라서 우리의 존재 이유도, 우리 공동체의 존재 이유도 예배에 있다는 말은 절대 과장이 아닙니다.

제사장 나라 계획

베드로 사도는 이번 장의 본문에서 구약성경을 자주 인용합니다. 2장 6절은 이사야 28장 26절을, 2장 7절은 시편 118편 22절을, 2장 8절은 이사야 8장 14절을 인용합니다. 이를 통해 예수 그리스도께서 오신 사건은 갑자기 일어난 일이 아니라, 하나님이 구약 시대부터 준비하시고 역사 속에서 차곡차곡 이루어 오신 일임을 보여 줍니다. 이 책 3장에서도 다루었듯이, 하나님의 역사 속에서 우리 존재의 의미를 찾는 것은 매우 중요합니다.

실현되는 하나님의 계획

베드로 사도는 8절에서 세상 건축가의 집에 속한 이들이 결국 걸려 넘어진다고 말한 다음에, 9-10절을 "그러나"로 시작합니다. 하나님의 집에 속한 이들은 8절의 사람들과는 전혀 다른 결말을 맞이합니다. 베드로 사도는 하나님이 구약 시대부터 꿈꿔 온 계획이 드디어 이루어졌다는 감격으로 편지를 써 내려 갑니다. 마치 감동에 겨워 쓴 시와도 같습니다. 로마제국 변방에서 보잘것없이 살아가는 이들을 아주 특별한 존재라고 말합니다. 그들은 눈에 보이지 않는 하나님의 영적인 집으로 지어지고 있으며, 하나님의 거대한 계획 가운데 있기 때문입니다. 구약성경에 등장하는, 하나님 백성을 가리키는 아름다운 명칭을 집대성한 구절을 신약성경에서 하나 택하라면, 저는 단연코 9-10절을 첫 번째로 꼽겠습니다. 먼저 출애굽기 19장 4-6절을 살펴봅시다.

> '너희는 내가 이집트 사람에게 한 일을 보았고, 또 어미 독수리가 그 날개로 새끼를 업어 나르듯이, 내가 너희를 인도하여 나에게로 데려온 것도 보았다. 이제 너희가 정말로 나의 말을 듣고, 내가 세워 준 언약을 지키면, 너희는 모든 민족 가운데서 나의 보물이 될 것이다. 온 세상이 다 나의 것이다. 그러므로 너희는 내가 선택한 백성이 되고, 너희의 나라는 나를 섬기는 제사장 나라가 되고, 너희는 거룩한 민족이 될 것이다.' 너는 이 말을 이스라엘 자손에게 일러 주어라(출애굽기 19:4-6).

하나님은 작은 부족에 불과한 미천한 공동체를 택하셨습니다. 그들은 자기 힘으로는 이집트의 폭정에서 절대 벗어나지 못하는, 날지 못하는 새끼 독수리 같았습니다. 하나님이 그런 그들을 업고 날라서 가나안 땅으로 들어가게 하십니다. 그리고 그들과 언약을 맺고 선택받은 백성으로 삼으셨습니다. 더욱 놀라운 것은 하나님이 그들을 "나를 섬기는 제사장 나라"로 세우려고 하셨다는 것이고, 그것이 하나님의 뜻이었습니다. 앞서 말했듯이 제사장은 자신이 먼저 예배하고 다른 이들도 예배하도록 이끄는 사람입니다. 그렇다면 '제사장 나라'는 어떤 나라일까요? 하나님을 모르는 열방이 주님께 돌아와 다 같이 예배하도록 이끄는 나라입니다. 이것이 바로 구약성경 전반에 드러나는, 이스라엘을 향한 하나님의 궁극적인 뜻이었습니다.

하나님은 이름조차 변변찮았던 이스라엘을 택하셨습니다. 세상의 지혜로는 이해하기 어려운 일이었지만, 이것이 하나님의 방법입니다. 온 인류의 구원을 위해 아브라함 한 사람을 불러 복의 근원으로 삼으신 하나님(창세기 12:1-2)이 아브라함의 후손, 여전히 작고 미약한 그들에게 제사장 나라의 사명을 맡기셨습니다. 이처럼 하나님은 평범하거나 그보다도 못한 존재들을 부르셔서 하나님을 세상에 알리는 위대한 사명을 맡기십니다. 이는 엄청난 돈과 힘을 가진 자들을 사용하는 세상 건축자들과는 정반대 방식입니다. 하나님은 세상 모두가 깜짝 놀랄 만큼 보잘것없는 사람들을 부르십니다. 이것이 바로 하나님의 방법입니다.

하나님은 미천한 이스라엘과 언약을 맺고 그들의 하나님이 되셨으며, 그들을 하나님의 보물이자 선택된 백성, 제사장 나라, 거룩한 민족으로 삼으셨습니다. 하지만 우리가 잘 알듯이, 이스라엘은 안타깝게도 그 언약을 저버리고 하나님을 무시했습니다. 구약성경 대부분은 하나님의 마음을 아프게 한 이스라엘의 이야기로 채워져 있습니다. 이스라엘은 결국 쪼개지고 이방 민족에게 멸망 당합니다. 하나님의 꿈은 꺾인 듯 보였습니다. 북이스라엘이 멸망할 즈음에 선지자 이사야가 활동하기 시작했는데, 그를 통해 하나님이 다시 말씀하십니다.

> 내가 이제 새 일을 하려고 한다. 이 일이 이미 드러나고 있는데, 너희가 그것을 알지 못하겠느냐? 내가 광야에 길을 내겠으며, 사막에 강을 내겠다. 들짐승들도 나를 공경할 것이다. 이리와 타조도 나를 찬양할 것이다. 내가 택한 내 백성에게 물을 마시게 하려고, 광야에 물을 대고, 사막에 강을 내었기 때문이다. 이 백성은 나를 위하여 내가 지은 백성이다. 그들이 나를 찬양할 것이다(이사야 43:19-21).

하나님은 "새 일"을 하겠다고 말씀하십니다. 광야와 사막처럼 소망이 없어 보이는 세상에 길을 내고 강을 내겠다고 하십니다. 광야에서 헤매는 "나의 택한 백성"이 물을 마실 수 있게 하겠다는 것입니다. 하나님이 태초에 당신을 위해 지으신 백성이 다시 하나님을 찬양하는 날이 올 것이라고 말씀하십니다. 그런데 구약성경은 "새 일"을 기다리다가 끝납니다. 그러다가 메시아이신 예수께서 오셔서 그 일을 이루십니다. 메시아를 주님으로 받아들인 이들은 "본 적이 없으나 사랑하고, 지금도 보지 못하나 믿으며, 말로 다 표현할 수 없는 기쁨과 영광으로 크게 즐거워하는"(베드로전서 1:8) 특별한 사람이 됩니다. 신약성경은 이들의 이야기로 가득하며, 그 아름다운 이야기를 이어받아 계속 써 내려가는 사람들이 바로 우리입니다. 하나님의 꿈은 지금도 이루어지고 있습니다.

새 이스라엘, 메시아 공동체

하나님의 꿈은 이루어집니다. 비록 더디게 보일지라도 꾸준히 실현되고 있습니다. 앞서 언급한 구약성경 두 본문에서 미래형으로 표현된 이스라엘을 향한 하나님의 꿈이, 베드로전서에서는 현재형으로 쓰였습니다. 이는 하나님의 뜻이 성취되었음을 보여 줍니다.

> **9** 그러나 여러분은 택하심을 받은 족속이며, 제사장 나라이며, 거룩한 족속이요, 하나님의 소유가 된 백성입니다.

베드로 사도는 하나님이 세우시는 메시아 공동체, '새 이스라엘'의 특성이 무엇인지를 구체적으로 알려 줍니다. 옛 이스라엘이 실패하면서 꺾인 것 같았던 하나님의 계획, 이스라엘을 통해 열방이 하나님을 예배하는 그 꿈이 이루어지고 있다고 말합니다. 즉, 세상의 온전한 회복이라는 거대한 흐름이 메시아를 주님으로 받아들인 새 이스라엘을 통해 성취되고 있다는 것입니다. 새 이스라엘의 자랑스럽고 감격스러운 네 가지 정체성은 산 돌이신 예수께 나아온 산 돌들이 이루는 영적인 집의 특성이 무엇인지를 잘 보여 줍니다. 이제 메시아를 중심으로 세워진 메시아 공동체가 어떠해야 하는지를 살펴봅시다.

• "택하심을 받은 족속" - 메시아 공동체의 근원

'택하심을 받았다'라는 수동태 표현에서 알 수 있듯이, 이 택하심은 전적으로 하나님에 의해 이루진 일입니다. 새로운 이스라엘, 그리스도인 공동체가 가능했던 이유는 오직 하나님 덕분입니다. 하나님은 우리 개인을 택하셨을 뿐 아니라(베드로전서 1:2), 새 이스라엘로서 한 족속을 이루게 하셨습니다. 예수님이 "내 교회를 이 반석 위에 내가 세우겠다"라고 말씀하신 대로(마태복음 16:18) 하나님의 의지로 세워진 공동체입니다. 하나님의 계획과 불굴의 의지가 없었다면 새 이스라엘, 메시아 공동체는 존재할 수 없었습니다. 옛 이스라엘이 그러했듯이 우리 역시 "육신의 기준으로 보아서, 지혜 있는 사람이 많지 않고, 권력 있는 사람이 많지 않고, 가문이 훌륭한 사람이 많지 않았습니다."(고린도전서 1:26) 하지만 하나님이 우리를 부르시고 택하셨습니다. 예수께서 친히 당신의 교회를 세우고 계십니다.

- **"제사장 나라"** - 메시아 공동체의 사명

"왕과 같은 제사장"이라는 번역보다는 출애굽기 19장의 맥락을 따라 "제사장 나라"로 옮기는 편이 더 적절합니다.[8] 산 돌에게 나아온 산 돌들은 한 명 한 명이 제사장일 뿐 아니라, 신령한 집으로 지어져 가면서 하나의 제사장 나라를 이룬다는 뜻입니다. 이것이 메시아 공동체의 사명입니다. 새 이스라엘인 그리스도인 공동체는 주변 모든 사람이 하나님을 발견하고 알아 가도록 돕고, 궁극적으로 하나님을 예배하도록 이끕니다. 예수께서 "천국의 열쇠를 주셨다"(마태복음 16:18)라고 하신 것은, 그리스도인 공동체가 천국의 문을 활짝 열어 하늘의 복을 세상으로 흘러가게 하고 잃어버린 자들을 하나님나라로 들어오게 하는 사명을 주신 것입니다. 역사적으로 메시아 공동체가 그 사명을 잘 감당하여 제사장 역할을 충실히 한 때도 있었습니다. 하지만 하늘나라의 문을 닫고서 자기도 들어가지 않고, 들어가려고 하는 사람도 들어가지 못하게 하는 바리새인과 서기관의 길을 걸었던 때도 적지 않았습니다(마태복음 23:13).

---

[8] 자세한 내용은 이 장의 각주 5에서 확인할 수 있다.

- **"거룩한 민족" - 메시아 공동체의 자질**

"거룩한 민족"은 메시아 공동체가 가져야 할 자질을 보여 줍니다. 개인에게 인격이 있듯이 공동체에도 일종의 '공동체격'이 있는데, 메시아 공동체의 인격적 자질이 바로 거룩입니다. "모든 행실을 거룩하게 하십시오"(베드로전서 1:15)라는 권고를 따르는 개인들로 구성된 공동체이므로 당연히 거룩한 집단일 수밖에 없습니다. "민족"은 한 조상을 둔 혈통 공동체를 의미하며, 하나님나라 백성으로 초대받은 이들은 하나님을 '아버지'라고 부르는 한 혈통이 됩니다. 그리고 "거룩"은 하나님을 닮아 가는 자질입니다. 우리가 상상할 수 있는 최고의 모습, 즉 거룩하신 하나님을 떠올리게 하는 그런 자질을 가진 공동체가 되기를 하나님은 꿈꾸십니다. 예수께서 세우시는 "나의 교회"(마태복음 16:16)는 그분을 닮을 수밖에 없습니다. 그래서 메시아이신 예수께서도 "하늘에 계신 아버지가 온전하신 것과 같이 너희도 온전하라"(마태복음 5:48)라고 말씀하셨습니다.

- **"하나님의 소유가 된 백성" - 메시아 공동체의 보호자**

"하나님의 소유가 된 백성"이라는 마지막 특성은 메시아 공동체의 보호자가 하나님이라는 뜻입니다. 하나님의 특별한 사랑과 보호 아래 그리스도인 공동체가 있다는 뜻이기도 합니다. 이는 앞서 살펴본 출애굽기의 "보물"이라는 표현과도 연결됩니다. 보물이란 너무 소중해서 애지중지하고, 절대 잃어버리지 않으려고 공들여 지키고 보호하는 것입니다. 하나님은 교회를 바로 그런 보물이라고 말씀하십니다. 예수께서 당신의 교회를 두고 "음부의 권세가 이기지 못하리라"(마태복음 16:18, 개역개정)라고 말씀하셨듯이, 하나님이 보호자가 되시는 공동체를 누가 무너뜨릴 수 있을까요? 하나님이 꿈꾸시고, 인간의 불순종에도 불구하고 끝내 세우고야 만 영적인 집, 제사장들의 공동체는 예수께서 세우겠다고 약속하신 교회의 특성과도 닮았습니다.

> 너는 베드로다. 나는 이 반석 위에다가 내 교회를 세우겠다. 죽음의 문들이 그것을 이기지 못할 것이다. 내가 너에게 하늘나라의 열쇠를 주겠다. 네가 무엇이든지 땅에서 매면 하늘에서도 매일 것이요, 땅에서 풀면 하늘에서도 풀릴 것이다(마태복음 16:18-19).

하나님은 산 돌이신 예수를 중심으로 "영적인 집"을 세워 가고 계십니다. 이 공동체는 예수께서 세우시기에 그의 "택하심을 받은 족속"이며, 천국의 문을 여는 자들로서 "제사장 나라"이고, 예수를 닮은 "거룩한 족속"이며, 죽음의 권세도 이기지 못하도록 예수께서 지키시는 "하나님의 소유가 된 백성"입니다. 하나님은 이토록 놀라운 공동체를 직접 세워 가고 계십니다.

메시아 공동체의 목적

메시아 공동체의 네 가지 특성에서 우리는 놀라운 사실을 발견합니다. 하나님은 쓸모없던 우리를 불러 산 돌들이 되게 하셨고, 그리스도를 중심으로 메시아 공동체를 이루어 살게 하셨습니다. 우리는 우리를 "어둠으로부터 그의 놀라운 빛으로 불러내신 분의 덕"을 세상에 선포하지 않을 수 없습니다. 우리가 어둠 속에 있었다는 사실을 잊어서는 안 됩니다. 산 돌이신 그리스도를 만나기 전까지는 세상 건축가들이 만든 가짜 빛 가운데서 살았습니다. 하지만 만물을 지으신 하나님을 배제한 세상은 어둠과 다름없습니다. 어둠 속에서 우리는 좌충우돌하며 암중모색했습니다. 스스로 방향을 찾지 못해서 세상 건축가들이 제시하는 삶의 방식을 반색하며 따랐습니다. 방향을 모를 때는 다수가 가는 길을 안전하다고 생각하기 마련입니다. 그래서 자기다운 삶을 추구하기보다는 끊임없이 세상이 요구하는 가치와 방향을 좇으며 살았습니다. 그랬던 우리 모습을 직면하는 것이 무엇보다 중요합니다.

좌충우돌하고 암중모색할 수밖에 없었던 우리를 하나님이 "그의 놀라운 빛으로 불러"내셨습니다. 빛 가운데서 살아가자 사방이 눈에 들어오고 방향을 분별하기 시작합니다. 살길과 죽을 길이 보이고, 우리 눈과 귀를 사로잡았던 세상 건축가들이 짓고 있던 집의 실체도 드러납니다. 예수 그리스도께 나아가 삶의 전반이 "살아 있는" 것으로 바뀌는 경험을 하면, 그의 "덕"을 혼자만 누릴 수 없어서 "선포합니다." 말과 삶으로 사람들에게 알리기 시작합니다. "제사장 나라"로 살아가는 삶은 하나님의 놀라운 은혜를 입은 자들에게서 보이는 공통된 특징입니다. 하나님은 그런 사람들로 이루어진 놀라운 공동체를 지금도 세워 가고 계십니다.

하나님이 세우시는 메시아 공동체는 자연스럽게 질적으로, 또 양적으로 성장합니다. 그 안에 속한 개인들도 마찬가지입니다. 세상에 속해 휘둘릴 뻔했던 이들이 산 돌이신 예수와 연결되어 전혀 다르게 살기 시작하고, 그런 삶을 격려하는 공동체에 속하면 그 성장은 더욱 가속화합니다. 변화를 경험한 이들은 자연스럽게 그 변화를 자기 주변과 자기가 사랑하는 이들에도 전파합니다. 주변 사람들이 하나둘씩 빛 가운데로 나아오고, 그들이 또다시 주변 지인들을 빛으로 이끕니다. 사실 2천 년이 넘는 기독교 역사는 빛으로 나아온 사람들이 이어지고 또 이어진 이야기입니다. 그들은 자신이 경험한 빛을 바가지로 덮어 둘 수 없었고(마태복음 5:15), 그래서 제사장 나라라는 사명은 땅끝까지 이르렀습니다.

도심에 나들목교회를 시작할 때, 새로 생긴 아파트 단지가 아니라 사람들이 자꾸 빠져나가는 도심에 교회를 세운다고 염려가 많았습니다. 하지만 어두운 세상의 중심지인 도시 한복판에서 교회가 빛이 되어 사람들을 인도하기를 바랐습니다. 다행히 서울과 수도권 곳곳에서 그 빛을 보고 사람들이 모였고, 그들은 예수 그리스도를 발견하고 새로운 공동체의 일원이 되었습니다. 나들목 공동체는 제사장 나라 역할을 감당하기에 어렸지만, 새 생명이 태어나고 성장하면서 작은 공동체들이 그 안에 계속 세워졌습니다. 18년간 650여 명이 예수를 주로 고백하며 세례를 받았고, 1개로 시작한 가정교회는 90여 개로 늘어났고, 주일 예배 참석자는 1,400여 명에 이르렀습니다. 이후 두 교회를 분교해 떠나보냈으나 충분치 않다고 생각하여 2019년에는 다섯 교회로 동시에 분교했습니다. 주일에 서울과 경기 각지로부터 한 곳에 모여서 예배드리는 교회를 넘어서서, 각자 살아가는 삶의 터전에서 제사장으로, 제사장 나라로 살아가야 한다는 사실을 깨달았기 때문입니다.

오늘날의 오해와 원래의 감격

안타깝게도 우리 주변의 많은 교회가 메시아 공동체라는 놀라운 정체성을 분명히 하지 못한 채, 다른 종류의 삶을 추구하지 못합니다. 심지어 그런 공동체는 성경에나 나오는 것이지 현실에서는 불가능하다고 생각합니다. 베드로 사도가 이 편지를 쓸 때도 그리스도인 공동체에 관한 혼란과 염려가 없었을까요? 우리는 흔히 1-2세기 초대교회를 이상적으로 바라보지만, 교회의 첫 세대라고 할 수 있는 초기 기독교 교회도 여러 문제를 안고 있었습니다. 사도들의 편지는 그런 우려와 관심을 반영하고 있습니다. 베드로 사도는, 세속 한복판에서 전혀 다르게 살라고 부름을 받았으나 혼란스러워하는 이들을 위해 이 편지를 쓰고 있습니다. 그들에게 그리스도인 공동체의 정체성이 무엇인지, 그 중심에는 무엇이 있어야 하는지, 어떤 삶을 위해 한 몸으로 지어지고 있는지, 그리하여 세상 건축가들이 아니라 하나님이 지으시는 신령한 집에 속하는 삶이 무엇인지를 알려 주려고 합니다.

네 갈래 교회

오늘날 많은 사람이 교회를 보며 혼란스러워합니다. 성경의 가르침과는 너무나 다르게 살아가는 모습, 그리고 그런 교회를 용인하거나 합리화하는 주장 때문에 교회 무용론이나 회의론이 득세하는 것도 사실입니다. 지난 2천여 년간 그리스도인 공동체는 여러 모습으로 존재해 왔습니다. 이 책에서 '교회' 대신에 '그리스도인 공동체'라는 단어를 자주 쓰는 이유는, 오늘날 교회가 예수 그리스도께서 세우시는 공동체가 아니라 전문 목회자나 성직자가 운영하는 조직일 때가 많기 때문입니다. 이제 사람들은 교회를 공동체성이 거의 없는 사람들이 일요일에 하루 모여서 예배를 드리는 어떤 '장소'라고 생각하기에 이르렀습니다. 교회는 참으로 아름다운 말이지만, 본래 의미는 많이 퇴색했습니다. 성경이 말하는 교회의 모습을 너무 많이 상실해서 이제는 교회의 원래 뜻에 가까운 '메시아 공동체'라는 표현을 써야 할 정도입니다.

그렇다면 우리 주변에 있는 그리스도인 공동체를 조금 더 자세히 살펴봅시다. 교회가 세상과 어떤 관계에 있는지를 보면 크게 네 가지로 구분됩니다.

세상의 영향을 받는 그리스도인 공동체: 병든 교회
세상에 무관심한 그리스도인 공동체: 분리된 교회
세상과 갈등하는 그리스도인 공동체: 혼란스러운 교회
세상을 변혁하는 그리스도인 공동체: 지어져 가는 교회

첫 번째는 세상의 영향을 받는 그리스도인 공동체, 병든 교회입니다. 이들은 산 돌이신 그리스도께 집중하지 않으면서 자신들의 사명과 근원과 자질과 보호자를 잃어버립니다. 그 결과 그리스도보다 세상이 훨씬 더 크게 보입니다. 하나님이 굳건히 세워 가시는 새로운 세계는 보지 못한 채, 눈에 보이는 세계의 안위와 복락만을 추구합니다. 많은 교회가 종교적 언어와 상징을 사용하지만, 실제로는 세상의 가치를 추구하는 경우가 많습니다. 세상 건축가들이 제시하는 가치로는 결코 참된 사랑과 평화를 이룰 수 없으므로, 이런 그리스도인 공동체는 세상에서나 볼 법한 것들로 가득 차 있습니다. 더 안타까운 것은 내부의 여러 문제를 어쩔 수 없는 것이라고 합리화하고, 심지어 당연하게 여긴다는 점입니다. 이런 교회에서는 도덕적 타락, 권위의 권력화, 파벌, 그리고 분열이 자주 발견됩니다. 이것이 바로 병든 교회의 모습입니다.

두 번째는 세상에 무관심한 그리스도인 공동체, 분리된 교회입니다. 이들은 세상 사람들이 짓고 있는 세상에 무지하며, 그들을 무시하고 그들과 분리되어 있습니다. 교회에서 신앙생활 하면서, 세상 돌아가는 일에는 무관심과 침묵으로 일관합니다. 세상은 어차피 심판받을 곳이니 관심의 대상이 아니고, 따라서 일주일 내내 살아가는 세상에 대해 별다른 고민도 없고 따로 배우지도 않습니다. 세상 건축가들이 세상을 어떻게 바꾸고 있으며 어떤 문제를 일으키는지도 살피지 않습니다. 신앙의 삶과 세상의 삶을 분리한 공동체는 잘해야 자신들만의 고립된 공동체를 세울 테지만, 교회에서는 교인으로, 세상에서는 세상의 사람으로 살아가는 이원론적 태도를 보일 가능성이 큽니다. 이것이 세상과 분리된 교회의 모습입니다.

세 번째는 세상과 갈등하는 그리스도인 공동체, 혼란스러운 교회입니다. 이들은 하나님과 세상의 건축물을 뚜렷이 구분하고, 세상 속에서 하나님이 지으시는 신령한 집을 발견했지만, 그 집을 세상 속에서 어떻게 구현해야 할지 몰라 혼란스러워합니다. 이런 그리스도인 공동체에 속한 이들은 주로 이런 질문을 합니다. "사람이 정말 변하나요? 사람이 성장하나요? 진정한 회심이 일어나요? 공동체가 세워질 수 있나요?" 하나님이 건축하는 영적인 집이 무엇인지는 알아도, 실제로 그런 공동체를 본 적도 없고, 진정한 회심과 성장을 직접 경험한 적도 없어서 혼란에 빠져 있습니다. 이론과 개념만 있을 뿐 실체가 없어서, 결국에는 첫 번째 교회처럼 세상의 영향을 받거나, 두 번째 교회처럼 분리의 길을 선택할 가능성이 큽니다. 이것이 세 번째 혼란스러운 교회의 모습입니다.

마지막으로, 세상을 변혁하는 그리스도인 공동체가 있습니다. 이들은 두 세상을 제대로 이해하고, 산 돌이신 예수께로 나아와 영적인 집으로 함께 지어져 가려고 애씁니다. 이런 공동체는 성도들이 발을 딛고 살아가는 세상을 공부하고 해석하고 이해하려고 노력합니다. 세상 건축가들이 짓는 집을 제대로 이해하지 못하면, 하나님이 지으시는 집이 되어 제사장 나라 역할을 하기 위해 세상에 침투하기 힘들고, 자신들을 빛으로 인도한 하나님의 덕도 선포할 수 없기 때문입니다. 이들은 세상에 살면서도 세상에 속하지 않고, 세상 사람들을 사랑으로 섬기며, 삶터와 일터의 변화를 끌어내려고 수고를 아끼지 않습니다. 세상을 따르지 않고 거스르는 일이라서 어렵고 힘들지만, 결국 세상은 무너질 줄 알기 때문에, 그리고 하나님이 끊임없이 신령한 집을 짓고 계신 줄 알기 때문에, 기꺼이 그 일을 감당합니다. 이들은 그리스도인 공동체가 얼마나 대단한 하나님의 작품(에베소서 2:10)인지를 알아 가며, 동시에 그 작품이 놓여야 하는 세상에 대해서도 계속 공부합니다. 세상의 정치, 경제, 사회, 문화에 대한 고민과 연구는 세상을 바르게 사랑하기 위해 꼭 필요한 씨름이며 문제의식입니다. 바로 이들이 지어져 가는 교회입니다.

모든 성도는 영적인 집이 지어지도록 제사장으로서 자기 역할을 다합니다. 이 점에서 네 유형의 교회는 뚜렷한 차이를 보입니다. 첫 번째와 두 번째 유형의 교회에서는 성도가 제사장이라는 인식이 거의 나타나지 않고, 대개는 목회자가 사제 역할을 대신합니다. 세 번째 유형의 교회는 성도를 제사장이라고 인식하면서도 정작 그 역할을 감당할 역량은 제대로 갖추지 못합니다. 반면, 네 번째 유형의 교회는 모든 성도가 제사장이라는 정체성도 분명하고, 그 역량도 갖추고 있습니다. 예수께서 가르치고 베드로 사도가 꿈꾸었던 교회의 성도들은 바로 이런 '제사장다운 제사장'이었습니다.

개인 너머 공동체

하나님은 자신의 공동체를 세우기 위해 오랜 역사에 걸쳐 거대한 계획을 실현하고 있으며, 아들을 보내 십자가의 길을 걷게까지 하셨습니다. 하지만 오늘날 그리스도인들은 하나님이 그토록 바라셨던 공동체적 시각을 잃어버리고 있습니다. 성경의 큰 이야기는 옛 이스라엘의 실패에도 불구하고 하나님이 예수 그리스도를 통해 새 이스라엘이라는 그리스도의 공동체를 세우고 계신다는 것입니다. 그런데 놀랍게도 많은 사람이 베드로전서의 이 본문을 개인적인 가르침으로 해석하고 적용합니다. 특히 9절을 암송하고 찬양으로까지 만들어 부르면서도, '나'에 대한 가르침으로 받아들입니다. 물론 그리스도인은 한 명 한 명이 모두 제사장입니다. 하지만 9절은 "여러분"으로 시작하며, 족속과 나라와 민족과 백성이라는 집합명사를 사용합니다. 하나님은 그리스도인 한 사람 한 사람을 하나님의 놀라운 공동체에 속하게 하셨고, 9절은 그 개개인이 속한 공동체에 대한 설명입니다. 이처럼 이 본문은 '나'가 아니라 '우리'를 이야기하고 있습니다. 그런데도 개인주의가 팽배한 오늘날 성도들은 베드로 사도의 이 말씀을 개인적으로만 자주 적용합니다.

개인주의는 우리 시대의 정신입니다. 개인의 가치와 독특성을 무시하고, 전체를 위해 개인을 압제하거나 희생시켰던 지난 시대에 대한 반작용으로, 개인에 주목하고 그 중요성을 강조합니다. 무시되었던 개인을 재발견했다는 점에서 긍정적인 면이 있습니다. 하지만 극단적 개인주의는 자기가 가장 중요하고, 자기 권리를 주장하는 것이 미덕이며, 공동체보다는 자신을 훨씬 더 중시합니다. 이는 세상 건축가들이 만들어 낸, 또 하나의 균형을 잃은 사고방식입니다. 타인 없이 존재하는 개인은 없고, 소속한 공동체 없이 개인의 정체성은 형성되기 어렵기 때문입니다. 하지만 요즘은 타인도, 공동체도 중요하지 않고 자신만을 먼저 내세웁니다. 이 세상은 인류가 여태까지 경험하지 못한 거대한 사회체계를 만들어 냈으나, 그 속에서 사람들은 역설적으로 핵화한 자신에게 매몰되고 있습니다. 안타깝게도 이런 개인주의적 사고와 생활방식이 그리스도인에게도 매우 자연스러운 것이 되어 버렸습니다.

성경은 우리가 특별하다고 합니다. 하지만 그 이유를 우리에게서 찾지 않고, 우리를 특별하게 여기신 하나님 때문이라고 합니다. 또한 하나님이 특별히 여기시는 공동체에 속했기 때문에 특별해졌다고도 이야기합니다. 산 돌이신 그리스도께 나아와서 우리는 산 돌이 되었고, 산 돌이신 그리스도를 중심으로 산 돌들로서 서로 연결되어 한 공동체를 이루고 있습니다. 그리스도를 중심으로 연결된 공동체 안에서 우리는 함께 지어져 가며, 자신의 가치는 그 안에서 더욱 확장되고 깊어집니다. 하나님이 짓고 계시는 놀라운 집에 참여해 함께 지어지고 있다는 자각은 정말로 경이롭습니다. 거대한 세상의 '졸의 졸'에 불과한 우리를 하나님이 부르셔서 자신의 위대한 역사 속으로 초대하셨고, 한 사람 한 사람만의 역할과 몫을 맡겨 주셨습니다. 하나님의 아름다운 덕을 경험한 사람들과 함께 그 덕을 세상에 선포하며 일생을 살게 하셨습니다. 특히 팬데믹, 경제 위기, 정치 사회적 불안으로 가득한 세상살이 중에도 그것만이 삶의 전부가 아니라는 사실을 기억하게 됩니다. 하나님은 하나님 없이 깨져 가는 이 세상을 메시아 공동체를 통해 회복하고 계십니다. 그 공동체의 일원으로 우리를 불러 주셨다니, 참으로 놀랍고 감사합니다.

전에는 아니었으나 이제는

베드로 사도는 마지막에 이르러 감격에 겨워 시적 표현을 남깁니다. "전에는 여러분이 백성이 아니었는데, 이제는 하나님의 백성이며, 전에는 긍휼을 얻지 못하더니, 이제는 긍휼을 얻게 되었습니다." 이 부분을 읽을 때는 베드로 사도가 느꼈을 감정을 한껏 담아서 마음을 다해 읽어야 합니다. 베드로 사도는 호세아 선지자 말씀을 인용하고 있습니다. 호세아 1장 6절의 "로루하마"(불쌍히 여김을 받지 못하다), 1장 9절의 "로암미"(내 백성이 아니다), 2장 1절의 "암미"(내 백성이다)와 "루하마"(불쌍히 여김을 받다)가 모두 등장합니다.

우리가 그리스도 밖에 있을 때는 아무도 우리를 불쌍히 여기거나 돌보지 않았고 당연히 하나님의 백성도 아니었습니다. 그러나 그리스도로 말미암아 우리는 그 안에서 불쌍히 여겨졌고 하나님의 백성이 되었습니다. 베드로 사도의 감격도 바로 여기서 터져 나옵니다. '하나님이 나 같은 사람을 택해 주시다니!' 하나님이 나를 찾지 않으셨다면 지금 어떻게 살고 있을지, 생각만 해도 고맙고 뭉클합니다. 이 감격은 우리가 공동체로 모여서 예배드릴 때 더욱 깊어집니다. 우리는 모두 하나님의 긍휼을 입은 주님의 백성이며, 주님이 지으시는 신령한 집으로 함께 지어져 가고 있습니다.

이번 장의 성경 본문은 감격으로 가득합니다. 사실, 베드로 사도는 1장 1절에서 "택하심"을 이야기할 때부터 이미 감격에 차 있었습니다. 그는 거듭난 우리가 누리는 복이 무엇인지를 감격에 차서 전해 주었고, 새로운 삶의 원리를 이야기할 때도 의무가 아니라 사랑 깊은 감격에서 우러나오는 것임을 강조했습니다. 이어서 그는 하나님이 궁극적으로 건축하고 있는 신령한 집과 그 집에서 제사장 역할을 하는 산 돌들에 관해 이야기합니다. 그 산 돌들이 이루는 공동체가 얼마나 놀랍고 특별한 존재인지를 설명하며 다시 감격에 사로잡힙니다. 베드로 사도는 하나님이 우리를 위해 이루신 놀라운 일들을 마무리하면서, 자연스럽게 호세아의 그림을 떠올립니다. 백성이 아닌 자들이 백성이 되고, 아무도 불쌍히 여기지 않았던 자들이 긍휼함을 입다니! 베드로전서의 전반부는 "택하심을 입을 자들"(1:1)이라는 감격으로 시작해서 "백성이 아니었는데, 이제는 하나님의 백성이며,…긍휼을 얻게 되었습니다"(2:10)라는 시적 표현으로 마무리됩니다.

누구와 어떤 집을 짓고 있나요

거대한 세상 속 개인은 한없이 작고, 때로는 아무 의미도 없어 보입니다. 특히 자신보다 여건이 더 나은 사람을 만나면, 자신의 결핍이 더욱 도드라져 보이고, 자기 삶은 별 가치가 없어 보이기까지 합니다. 게다가 그리스도인으로 산다고 해도 특별한 '메리트'는 없는 것 같습니다. 세상 사람들과 경쟁하며 살기도 힘든 판에 다른 방식으로 살아야 한다는 부담까지 짊어지라니…. 베드로 사도의 편지를 받았던 소아시아 '임시체류자'들의 처지는 오늘날 우리의 난처한 상황보다 훨씬 더 심각했습니다. 지금은 기독교가 세계 3대 종교로 자리 잡았고, 여러 문화와 제도 속에 스며들어 있지만, 당시 기독교는 유대교의 한 분파나 이단으로 여겨졌습니다. 더군다나 로마제국의 눈에는 의심스러운 사교 집단으로 비쳤습니다. 그러다 보니 그리스도인에 대한 온갖 오해가 넘쳐났고, 이는 큰 압박으로 다가왔습니다. 자연히 그리스도인들은 위축되었고, 그러한 삶이 그리스도인들의 특징이었을지 모릅니다.

예수께서는 이미 "세상이 너희를 미워할 것"(요한복음 15:19)이라고 말씀하셨고, 바울 사도 역시 "하나님 나라에 들어가려면, 반드시 많은 환난을 겪어야 합니다"(사도행전 14:22)라고 권고했습니다. 또한, 요한 사도는 예수께서 다시 오실 때 신자들의 눈물을 친히 씻어 주실 것이라고 이야기합니다(요한계시록 7:17; 21:4). 이 모든 말씀은 그리스도인의 세상살이가 절대 쉽지 않음을 분명히 보여 줍니다. 그럼에도 우리가 이 좁은 길을 기꺼이 걷는 이유는 무엇일까요? 하나님이 하고 계신 일을 알아 버렸기 때문입니다. 하나님은 산 돌이신 예수께 나아오는 우리를 산 돌들, 제사장으로 삼으시고, 우리를 통해 신령한 집을 지어 가고 계십니다. 하지만 세상 건축가들은 오래전부터 현재까지도 예수 그리스도, 산 돌을 거절하고 자신만의 세상을 짓고 있습니다. 그

6부
새로운 집

러나 그 세상은 일어나고 스러지며 흥망성쇠를 반복합니다. 반면에 하나님이 지으시는 집은 2천 년이 넘는 세월 동안 계속 이어지며 지어져 가고 있습니다.

하나님이 하고 계시는 일에 눈이 열리지 않으면, 세상 건축가들이 만들어 놓은 허상에 사로잡혀서 마음을 빼앗기고 맙니다. 그렇게 구출된 어둠 속으로 스스로 다시 기어들어가, 그 안에서 암중모색하며 대중의 흐름을 따라가는 헛된 삶을 추구하게 됩니다. 이런 혼돈 속에 있는 성도들에게, 2천 년 전에 베드로 사도가 보여준 놀라운 비전은 지금 이 순간에도 여전히 동일한 감격과 사명을 전해 줍니다. 하나님은 지금도 그분의 집을 짓고 계십니다. 우리를 부르셔서 새로운 공동체로 빚고 계십니다. 그리고 그 공동체를 통해, 세상 건축가들의 달콤한 압제 아래에 있는 사람들을 구출하기를 원하십니다. 하나님은 그들 또한 "우리는 택함받은 자, 하나님의 백성이자 긍휼을 입은 자들이다"라고 고백하기를 바라십니다. 세상에 속아 감겼던 눈이 예수님의 수제자인 베드로가 전해 주는 비전을 통해 다시 뜨이기를 고대하십니다. 그래서 자신을 더 이상 초라하고 보잘것없는 '졸의 졸'이라고 여기지 않기를 바랍니다. 우리는 제사장입니다. 우리는 제사장 나라입니다.

부록

성경 베드로전서 KHKV

❶ 1 예수 그리스도의 사도인 베드로가, 택하심을 입은 이들, 곧 본도, 갈라디아, 갑바도기아, 아시아와 비두니아에 흩어진 임시체류자들에게. 여러분의 택하심은 2 하나님 아버지의 미리 아심에 따라, 성령님의 거룩하게 하심으로, 예수 그리스도의 순종과 피 뿌림에 이르기 위함입니다. 여러분에게 은혜와 평화가 더욱 풍성하기를 빕니다. 3 하나님 곧 우리 주 예수 그리스도의 아버지께 찬양을 드립시다. 그는 그 크신 자비로 우리를 거듭나게 하셔서 죽은 사람들 가운데서 예수 그리스도의 부활하심을 통해 산 소망과 4 썩지 않고 더러워지지 않고 사라지지 않는 유산을 주셨습니다. 이 유산은 여러분을 위해 하늘에 간직되어 있고, 5 여러분은 하나님의 능력으로 믿음을 통해 보호되어 마지막 때에 나타나기로 준비된 구원을 얻을 것입니다. 6 이 안에서 여러분은 크게 즐거워합니다. 비록 지금 잠깐 여러 가지 시련으로 슬픔을 당할 수밖에 없지만, 7 여러분의 믿음의 연단은 불로 연단되어도 결국 사라지는 금보다 더 귀한 것으로 예수 그리스도가 나타나실 때에 찬양과 영광과 존귀로 드러날 것입니다. 8 그를 여러분은 본 적이 없음에도 사랑합니다. 지금도 그를 보지 못하

나 여러분은 믿으며 말로 다 표현할 수 없는 기쁨과 영광으로 크게 즐거워하니 **9** 이는 여러분의 믿음의 목표 곧 영혼의 구원을 받고 있기 때문입니다. **10** 이 구원에 대하여 여러분을 위한 은혜에 대해 예언했던 예언자들이 조사하고 자세히 살펴서 **11** 누구인지 또는 어느 때인지를 그들이 연구할 때, 그들 안에 계신 그리스도의 영이 밝혀 주셔서 그리스도가 받으실 고난과 그 이후의 영광을 미리 증언해 주셨습니다. **12** 이 일들은 자신들을 위해서가 아니라 여러분을 위하여 섬겼음이 그들에게 계시되었고, 이 일들은 하늘로부터 보내 주신 성령에 힘입어 여러분에게 복음을 전한 사람들에 의해 이제 여러분에게 선포된 것이고, 이 일들은 천사들도 간절히 보고 싶어 하는 것입니다. **13** 그러므로 여러분은 마음의 허리를 동이고 온전히 깨어 있어서, 예수 그리스도께서 나타나실 때에 여러분에게 가져오실 은혜를 소망하십시오. **14** 순종하는 자녀로서 여러분의 무지 속에서 전에 따랐던 욕망을 따르지 말고 **15** 여러분을 불러주신 그 거룩한 분을 따라 여러분 자신을 모든 행실에 거룩하여지십시오. **16** "내가 거룩하니 너희도 거룩하라"고 기록되었기 때문입니다. **17** 그리고 여러분이 각 사람의 행위에 따라 차별 없이 심판하시는 분을 아버지라 부르고 있으니, 여러분의 임시거류자 시절을 경외심을 가지고 사십시오. **18** 왜냐하면 여러분이 알다시피, 여러분이 조상으로부터 물려받은 여러분의 헛된 행실로부터 구속된 것은 은이나 금과 같이 썩어질 것이 아니라 **19** 흠도 점도 없는 어린양 같

성경

은 그리스도의 보배로운 피로 된 것이기 때문입니다. **20** 그는 세상의 기초가 창조되기 전에 미리 아심 바 되셨고, 여러분을 위하여 이 마지막 때에 나타내신 바 되었으니 **21** 그를 통해 여러분은 그를 죽음에서 일으키시고 그에게 영광을 주신 하나님을 믿고 있고, 그리하여 여러분의 믿음과 소망은 하나님께 있습니다. **22** 여러분은 진리에 순종함으로 영혼을 정결하게 하여 위선적이지 않은 형제 사랑에 이르렀으니, 마음으로 뜨겁게 서로 사랑하십시오. **23** 여러분은 썩는 씨가 아니라 썩지 않는 씨, 곧 살아 있고 항상 존재하는 하나님의 말씀으로 거듭났기 때문입니다. **24** 왜냐하면 "모든 육체는 풀과 같고, 그 모든 영광은 풀의 꽃과 같다. 풀은 마르고 꽃은 떨어지지만, **25** 주님의 말씀은 영원히 항상 존재한다"라고 했기 때문입니다. 이것이 여러분에게 복음으로 전해진 바로 그 말씀입니다.

2 **1** 그러므로 여러분은 모든 악의와 모든 기만과 위선과 시기와 모든 험담을 벗어 버리고 **2** 갓난아기들처럼 영적이며 순수한 젖을 갈망하십시오. 그리하면 그로 말미암아 여러분이 구원에 이르도록 자라나게 될 것입니다. **3** 여러분은 주님이 인자하시다는 사실을 맛보아 왔습니다. **4** 사람에게는 거절되어 왔지만 하나님께는 택하심을 받은 보배로운 산 돌이신 그에게 나아와서 **5** 여러분도 산 돌들로 영적인 집으로 건축되어 가는데 이는 거룩한 제사장들이 되어 예수 그리스도로 말미암아 하나님께서 받으실 만한 영적인 제사를 드리기 위함입니다. **6** 성경에 기록되

었으니, "보아라, 내가 택하심을 받은 보배로운 모퉁이 돌을 시온에 두니, 그를 믿는 자는 부끄러움을 당하지 않을 것이다." **7** 그러므로 믿는 사람들인 여러분에게는 보배이나, 믿지 않는 사람들에게는 "건축하는 자들이 거절했던 돌이 바로 모퉁이의 머릿돌이며" **8** 또한 "걸리는 돌과 넘어지게 하는 바위"입니다. 그들이 말씀에 순종하지 않아 걸려 넘어지니 이 또한 이들에게 그렇게 정해진 것입니다. **9** 그러나 여러분은 택하심을 받은 족속이며, 제사장 나라이며, 거룩한 족속이요, 하나님의 소유가 된 백성입니다. 그리하여 여러분은 여러분을 어둠으로부터 그의 놀라운 빛으로 불러내신 분의 덕을 선포하는 것입니다. **10** 전에는 여러분이 백성이 아니었는데, 이제는 하나님의 백성이며, 전에는 긍휼을 얻지 못하더니, 이제는 긍휼을 얻게 되었습니다.

찬양 하나님나라 노래

스마트폰으로 QR코드를 스캔하시면
나들목 찬양 "그저 그렇게 남들만큼만"를 들으실 수 있습니다.

묵상 여섯 번의 만남: 함께 읽고 삶으로 나누기

책이 전하는 바를 숙지하고 자신과 공동체에 어떤 의미가 있는지를 성찰하고 나눌 수 있도록 장별로 질문을 준비했습니다. 당연히 정답은 없습니다. 각자 생각하는 답이 있을 뿐입니다. 다만, 함께 모여서 나눌 때는 다음처럼 준비하면 좋습니다.

1. 책을 먼저 꼼꼼히 읽고, 전반적인 흐름을 잘 이해하려고 애써 주세요.
2. 질문을 읽고 바로 답을 달기보다는, 질문을 통해 성령께서 지금 자신에게 무엇을 묻고 계시는지 잠잠히 들어 보세요. 이를 위해 하나님 앞에 머무는 시간을 가지세요.
3. 함께 모여 나눌 때 모든 질문을 다 다루지 않아도 괜찮습니다. 각자 미리 답을 적어 보면서 깨달은 내용을 주로 나누면 좋습니다.
4. 스스로 준비가 부족하다고 생각되면 잘 준비한 다른 사람의 이야기를 경청하는 데 시간을 더 할애해도 좋습니다. 준비가 부족하거나 아예 하지 못했을 때는 질문과 상관없는 이야기로 빠질 위험이 크기 때문입니다.
5. 모임을 마무리하면서는 모두 함께 성령님 앞에서 다시 침묵합니다. 우리 나눔을 통해 각에게, 그리고 우리 공동체에 하나님이 주신 말씀을 되새깁니다. 그러고 나서 함께 기도합니다.

찬양

◇ 만남 1. 이중 정체성 ◇

1. 모임 전에 시간을 내서 베드로전서 전체를 KHKV으로 한자리에서 읽어 보세요. 전체를 읽으면서 들었던 느낌이나 깨달음을 나누어 봅시다.

2. 평소에 자신을 누구라고 생각하며 살고 있나요? 당신의 정체성은 네 가지(산만한, 유예된, 주어진, 확립된) 중에 무엇인가요?

3. 하나님의 택하심을 받았다는 사실과 관련해서 새롭게 깨달은 것이 있나요? 특히 삼위 하나님이 당신을 택하려고 어떻게 일하셨는지를 돌아봅시다.

4. 세상에 흩어져 살아가는 나그네라는 사실과 관련해서 새롭게 깨달은 것은 무엇인가요?

5. 하나님나라 백성은 택하심을 받았으나 세상 속에서 살아갑니다. 이것이 가장 큰 특징입니다. 그렇다면 그 정체성에 걸맞게 지금 자신에게서 나타나야 하는 삶의 모습, 또는 목표는 무엇일까요?

6 우리가 택하심을 받은 나그네 공동체로서 함께 할 수 있는 일은 무엇일까요?

"영광스러운 나그네들 1. 나그네들의 이중 정체성"

김형국 목사의 베드로전서 연구 시리즈, 첫 번째 설교 영상입니다.
더 깊은 묵상과 나눔을 위해 1장과 함께 보시면 좋습니다.
스마트폰으로 QR코드를 스캔하면 설교 영상을 보실 수 있습니다.

묵상

◇ **만남 2. 하나님의 선물** ◇

1. 베드로전서 1장 3-7절을 KHKV과 다른 번역을 비교하면서 읽어 봅시다.

2. '무얼 위해, 왜 살고 있나?'라는 질문의 답은 '산 소망'이었습니다. '산 소망'이 당신에게는 어떤 의미로 다가오나요?

3. 우리가 받을, 하늘에 보관된 유산의 성격을 이야기해 봅시다. 그 유산을 묵상할수록 현재의 결핍이나 가난을 이길 위로와 힘이 전해지나요?

4. 늘 불안해하는 우리에게 베드로 사도는 어떤 답을 주었나요? 그 답이 당신의 삶에 실제로 어떤 의미가 있나요?

5. 우리가 겪는 고통의 특징은 무엇인가요? 고난이 주는 유익과 고난 중에서 즐거워할 수 있는 이유를 이야기해 봅시다.

6. 결국 누군가의 인정을 받기 위해 살고 있지 않나요? 마지막 날에 하나님 앞에서 어떤 평가를 받는지가 자신에게 얼마나 중요한지를 생각해 봅시다.

7. 당신은 하나님의 놀라운 선물에 얼마나 감격하고 어떻게 감사를 표하고 있나요? 우리 공동체가 그 선물을 더 풍성히 누리려면 어떻게 해야 할까요?

"영광스러운 나그네들 2. 나그네들을 위한 하나님의 선물"

김형국 목사의 베드로전서 연구 시리즈, 두 번째 설교 영상입니다.
더 깊은 묵상과 나눔을 위해 2장과 함께 보시면 좋습니다.
스마트폰으로 QR코드를 스캔하면 설교 영상을 보실 수 있습니다.

◇ 만남 3. 일생의 감격 ◇

1. 베드로전서 1장 8-13절을 KHKV과 다른 번역을 비교하면서 읽어 봅시다.

2. 당신의 거듭남 속에 '종합선물세트'가 있는지 알았나요? 그 선물 중에 지금 제일 소중하고 필요한 것은 무엇인가요? 그 복을 어떻게 하면 풍성히 누릴 수 있을까요?

3. 이미 시작된 하나님나라에 속해서 그 나라를 실현하고자 애쓰며 사는 '임시체류자'들이 공통으로 가지고 있는 역사의식은 무엇인가요?

4. 하나님이 이루어 가시는 역사 속에서 자신이 할 몫이 있다고 생각하나요? 만약 그렇다면 그 몫은 무엇인가요?

5. 하나님나라가 완성되리라는 소망이 있나요? 그 소망으로 자신이 변화하고 있나요? 당장은 아니라도 점점 어떻게 변화할 것 같은가요?

6. 자신이 지금 드리는 예배는 어느 단계에 해당하나요? 어떻게 하면 예배를 더욱 깊이 누릴 수 있을까요?

7. 우리 공동체가 하나님나라 의식을 고취하고 예배로 살아가려면, 서로 어떻게 도울 수 있을까요?

"영광스러운 나그네들 3. 나그네들의 감격과 역사의식"

김형국 목사의 베드로전서 연구 시리즈, 세 번째 설교 영상입니다.
더 깊은 묵상과 나눔을 위해 3장과 함께 보시면 좋습니다.
스마트폰으로 QR코드를 스캔하면 설교 영상을 보실 수 있습니다.

묵상

◇ 만남 4. 새로운 꿈 ◇

1. 베드로전서 1장 13-16절을 KHKV과 다른 번역본을 비교하며 읽어 봅시다.

2. 당신은 "그러므로"의 신앙으로 살고 있나요? 그 복을 어떻게 누리고 있는지 나눠 봅시다.

3. 지금까지 인생의 꿈은 무엇이었나요? 그 꿈이 '산 소망'으로 인해 달라진다면, 삶은 또 어떤 특징(소망하는 이유, 내용, 자세와 관련해서)을 보이게 될까요?

4. 새로운 꿈을 가지면 삶이 추구하는 바가 어떻게 달라질까요? 이미 달라졌다면 어떻게 바뀌었는지를 나눠 봅시다.

5. 삶의 마지막 모습은 어떨까요? 궁극적으로 무엇을 추구하며 살고 있나요?

6. 당시에 베드로 사도와 초대교회 성도들이 꾸었던 꿈을 오늘날 우리가 꿈꾸며 산다는 것은 무엇을 의미하나요?

7. 어떻게 하면 함께 꿈꾸며 서로의 꿈을 격려하는 공동체가 될 수 있을까요?

"영광스러운 나그네들 4. 나그네들의 새로운 꿈"

김형국 목사의 베드로전서 연구 시리즈, 네 번째 설교 영상입니다.
더 깊은 묵상과 나눔을 위해 4장과 함께 보시면 좋습니다.
스마트폰으로 QR코드를 스캔하면 설교 영상을 보실 수 있습니다.

묵상

◇ 만남 5. 새로운 삶 ◇

1. 베드로전서 1장 13절-2장 3절을 KHKV과 다른 번역본을 비교하면서 읽어 봅시다.

2. 하루하루 살아갈 때 새로운 관점이 어떻게 작동하나요? 만약 잘 작동하지 않는다면 왜 그럴까요?

3. 당신의 인간관계는 진실한 관계에 다다르고 있나요? 그렇지 않다면 이유는 무엇이고, 만약 그렇다면 그 이유는 또 무엇일까요?

4. 더욱 깊어지는 사랑, 뜨겁게 사랑하는 관계를 위해 우리에게는 무엇이 필요할까요?

5. 당신이 하루하루 살아가는 데 가장 중요한 에너지원은 무엇인가요? 혹시 버려야 하는 에너지원이거나 대체해야 하는 에너지원은 아니었는지 되돌아봅시다.

6. 구원을 이루어 가는 멋진 삶을 누리려면 하나님이 주신 새로운 에너지원을 어떻게 활용해야 할까요? 매일 잘 활용하기 위해 새로 들여야 하는 습관은 무엇일까요?

7. 우리 공동체가 각자 자기 꿈을 이루는 공동체가 아니라, 각자를 향한 하나님의 꿈을 이루는 공동체가 되기 위해 무엇을 하면 좋을까요?

"영광스러운 나그네들 5. 나그네들의 새로운 삶"

김형국 목사의 베드로전서 연구 시리즈, 다섯 번째 설교 영상입니다.
더 깊은 묵상과 나눔을 위해 5장과 함께 보시면 좋습니다.
스마트폰으로 QR코드를 스캔하면 설교 영상을 보실 수 있습니다.

묵상

◇ **만남 6. 새로운 집** ◇

1. 베드로전서 1장 1절-2장 3절 전체를 함께 읽고, 그 흐름을 한 사람이 중심 단어들로 설명해 봅시다.

2. 베드로전서 2장 4-10절을 함께 소리 내 읽어 봅시다.

3. 우리가 두 세계 안에서 살고 있는 사실과 눈에 보이지 않는 하나님나라가 지어지고 있다는 사실이 당신 삶에 어떤 영향을 미치나요?

4. 하나님이 이루어 가시는 공동체에는 어떤 특별함이 있었나요? 네 가지 특징에 관해 나눠 보고, 그중에 자신에게 특히 다가오는 것이 있었다면 무엇인지 이야기해 봅시다.

5. 자신이 속한 공동체는 네 가지 교회 중에서 어디와 가깝나요? '세상을 변혁하는 공동체'에 아직 이르지 못했다면, 부족한 부분은 무엇인가요? 그 점을 보완하기 위해 무엇을 할 수 있을까요?

6. 개인과 공동체의 삶을 돌아보며, "전에는 아니었으나 이제는"의 감격과 그에 따르는 사명을 나눠 봅시다.

7. 세상 건축가들의 영향에서 벗어나 하나님이 지어 가시는 집으로 자라기 위해 각자 무엇이 더 필요한지 나누고, 이를 위해 서로 함께 기도합시다.

"영광스러운 나그네들 6. 나그네들의 새로운 공동체"

김형국 목사의 베드로전서 연구 시리즈, 여섯 번째 설교 영상입니다.
더 깊은 묵상과 나눔을 위해 6장과 함께 보시면 좋습니다.
스마트폰으로 QR코드를 스캔하면 설교 영상을 보실 수 있습니다.

묵상

뿌리 깊이, 하나님나라

뿌리 깊이, 하나님나라

김형국 지음

2025년 6월 19일 초판 1쇄 발행
2025년 12월 3일 초판 2쇄 발행

펴낸이 김도완   **펴낸곳** 비아토르
등록번호 제2021-000048호   **주소** 서울시 종로구 삼일대로 428, 500-26호
　　　(2017년 2월 1일)　　　　　　　(우편번호 03140)
전화 02-929-1732   **팩스** 02-928-4229
전자우편 viator@homoviator.co.kr

편집 박동욱   **디자인** 즐거운생활
제작 제이오   **인쇄** (주)민언프린텍   **제본** 다온바인텍

ISBN 979-11-94216-19-3 (03230)   **저작권자** ⓒ김형국, 2025